新学習指導要領に対応

児童・生徒・教師のための
クラスルーム・イングリッシュ

Classroom English for Students and Teachers

小野 昭一　編

中村 博生・廣瀬 浩二　著

ステイシー・クローズ　英文校閲

考古堂

は じ め に

　新学習指導要領によれば，2020年度から小学校3・4年生では外国語が必修となり，5・6年生では教科化されることになりました。また，中学校においても，英語で授業を行うことを基本とするなど授業指導の改善が求められています。児童・生徒のみなさんや小学校や中学校で英語の指導に携わる先生方が，このような英語教育の流れの変化に対応できることが望まれます。本書は，そのような現状のみなさんに少しでも役立てばという気持ちから，編集・執筆したものです。以下に本書の概要を述べましたので，参考にしていただければ幸いです。

　Classroom English 1：授業展開に沿った表現では，授業の開始から復習や新教材の導入，言語活動等，授業の終了までの授業展開に沿って，必要と思われるクラスルーム・イングリッシュを，会話形式にして日本語訳とともに載せました。

　Classroom English 2：言語活動のための表現では，英語の授業で言語活動を行う際に想定される会話を，できる限り現実に即したやり取りとなるように工夫しました。日常の会話においても活用できる表現がたくさん登場しますので，ぜひ活用してください。

　Classroom English 3：質問の表現では，英語の授業で児童や生徒が，疑問に思ったことを英語で先生や友達に質問できるように，疑問文とその応答文を中心として会話を作ってみました。特に児童や生徒のみなさんが，英語でのやり取りをする時に参考にしてほしいセクションです。

　Classroom English 4：授業中のさまざまな表現では，先生が授業中児童・生徒を指導する際に発するさまざまな指示や賞賛の言葉などを，会話形式で載せてみました。児童や生徒の多様な言動に対応できる表現です。

　Classroom English 5：言語活動で使う単語や表現では，言語活動で必要な単語や表現をすぐに見つけられるように，単語や表現をそれぞれの種類に分類してまとめてみました。言語活動の際に活用してください。

　索引の使い方は，以下に説明がある通り，その用途によって使い分けて求める表現を探してください。

　索引1：日本語の語句では，日本語の単語や句から求める英語の単語や表現を探してください。

　索引2：言語活動などは，言語活動を行うときに用いる表現を探すための索引です。日本語の句や表現から求める英語の表現を探してください。

　索引3：英語の単語・句・文は，英語の単語・句・文から，必要とする英語の表現を探す索引です。

　また，各文末に，*，**，***という3種類の符号を付け，文のむつかしさを示しました。*は初級者（おおよそ従来の中学校1年生程度），**は中級者（おおよそ従来の中学校2年生程度），***は上級者（おおよそ従来の中学校3年生以上）という目安で学習や指導を行ってください。

　本書を執筆するにあたり，いく冊もの著書や参考書を参照させていただきました。主なものを次にあげさせていただき，心より御礼を申し上げます。また，本書の出版にあたりご尽力いただいた考古堂書店出版部の佐々木克氏に心より感謝申し上げます。

Hughes, G., & Moate, J. (2007). *Practical Classroom English.* Oxford : Oxford University Press.
Nakamura, H. (2006). *173 English Verbs for Junior High School Students.* 新潟：考古堂.
浅野博・牧野勤・阿部一（編）(2004).『アドバンスト フェイバリット和英辞典』．東京：東京書籍.
小島義郎・竹林滋・中尾啓介（編）(2008).『ライトハウス和英辞典 第5版』．東京：研究社.
南出康世（編）(2015).『ジーニアス英和辞典』．東京：大修館書店.
望月昭彦（編）(2012).『改訂版 新学習指導要領にもとづく英語科教育法』．東京：大修館書店.
東京学芸大学（2017）．『文部科学省委託事業「英語教員の英語力・指導力強化のための調査研究事業」平成28年度報告書』

QRコードについて

QRコードは，読者がお持ちのスマートホンで，英語と日本語が聞けるようになっています。スマートホンのカメラでそのQRコードを写し「WEBサイトQRコード "YouTube" をSafariで開く」というメニューが出ますので，そちらをタップしてください。会話などそのページを読み込むことができましたら，音声を再生してください。

目　　　次

Classroom English 1：授業展開に沿った表現…9

1．あいさつ（Greeting）…9
2．出席をとる（Calling the roll）…10
3．ウォームアップ（Warm-up）…11
4．次の活動に進む（Going to the next activity）…13
5．復習（Review）…17
6．既習の目標文の復習（Reviewing the target sentence）…21
7．復習のための言語活動（Activities for review）…22
8．復習の終了（End of review work）…24
9．英語あるいは日本語での発言の促進
　　（Suggestions for answering in English or Japanese）…25
10．賞賛あるいは再考の指示（Praise or suggestions for another try）…26
11．新教材の導入（Introduction of new materials）…30
12．さまざまな練習を促すときの表現（Expressions for various exercises）…32
13．言語活動の指示（Expressions for language activities）…45
14．本日のまとめ（Today's review）…49
15．本日の授業の終了（The end of today's lesson）…50

Classroom English 2：言語活動のための表現…52

1．あいさつ…52
2．名前をたずねる…53
3．出身地を聞く…54
4．初対面や再会のあいさつ…55
5．年齢をたずねる…56
6．学校の名前を聞く…57
7．特徴を聞いて何かを当てるクイズ…58

8．色ぬりゲームの指示…59

9．虹の色…61

10．しりとりゲーム…62

11．スポーツについて…62

12．動物について…64

13．放課後の活動…65

14．食べること…68

15．ハンバーガーショップで…70

16．料理する？…71

17．あなたはペンをもっていますか…72

18．英語の表現を問う…74

19．数を問う…75

20．曜日を問う…76

21．学校の授業や行事…78

22．数と計算…80

23．買い物をする…84

24．動物の鳴き声…85

25．体の部分の名前…87

26．指示によって体を動かす…88

27．時刻を言う…91

28．遅刻…94

29．道をたずねる…95

30．おなかがすいた…97

31．おなかが痛い…98

32．電話…99

33．英語で何て言うの…101

34．仕事を問う…103

35．誕生日…106

36．国旗…108

37．アルファベットと単語…110

38．家族…115

Classroom English 3：質問の表現…117

1．いつ（When）…117
2．どこ（Where）…118
3．なに／だれ（What/Who）…120
4．なに（What）…121
5．なぜ（Why）…124
6．どのように（How）…125
7．その他の表現（Other expressions）…127

Classroom English 4：授業中のさまざまな表現…132

1．学習中のさまざまな行為の中止や修正を促す…132
2．指示と異なる活動をやめさせ，正しい活動を促す…134
3．ほめる…136
4．順番を指示する…137
5．ハプニングに対応する…138
6．教室環境を整える…141
7．集配物のあつかい…143
8．宿題の指示…145
9．生活の指導…146

Classroom English 5：言語活動で使う単語や表現…147

1．果物（fruits）…147
2．野菜（vegetables）…148
3．動物（animals）…149
4．虫（insects）…150
5．鳥（birds）…150
6．魚介類（seafood）…151
7．花（flowers）…151

8．乗り物（transportation）…152

9．楽器（musical instruments）…153

10．身体（body）…154

11．木（trees）…155

12．家・家具（house, furniture）…156

13．公園・公共の施設（park, public facilities）…157

14．自然（nature）…158

15．スポーツ（sports）…159

16．趣味（hobbies）…160

17．科目など（subjects）…160

18．学校行事（school events）…161

19．校舎（school building）…161

20．職業（occupations, jobs）…162

21．学用品（school supplies）…164

22．日用品（daily necessities）…165

23．数（numbers）…166

24．部活動（スポーツ系クラブ）（club activities（sports-oriented clubs））…167

25．部活動（文化系クラブ）（club activities（liberal-arts-oriented clubs））…167

26．食べ物（food）…168

27．菓子（confectionery）…169

28．飲み物（beverages）…169

29．衣服（clothes）…170

30．おもちゃ（toys）などを使った遊び（play）…171

31．1日の生活（daily life）…172

32．和製英語（Japanese-English words）…174

索引
索引1：日本語の語句…179
索引2：言語活動など…188
索引3：英語の単語・句・文…190

Classroom English 1：授業展開に沿った表現

[注：*の文は初級者レベル，**の文は中級者レベル，***の文は上級者レベルの表現。TはTeacher（先生），SはStudent（生徒）]

1-1 あいさつ（Greeting）

朝のあいさつ

T：Good morning, class. *
　おはようございます，みなさん。
S：Good morning, Ms. Mori. *
　おはようございます，モリ先生。

午後のあいさつ

T：Good afternoon, class. *
　こんにちは，みなさん。
S：Good afternoon, Mr. Tanaka. *
　こんにちは，タナカ先生。

1日中いつでも使えるあいさつ

T：Hello, everyone. *
　こんにちは，みなさん。
S：Hello, Mr. Watanabe. *
　こんにちは，ワタナベ先生。

からだの調子をたずねる（1）

T：How are you today? *
　今日はごきげんいかがですか。
S：Fine, thank you, and you? *
　元気です，ありがとう，先生はどうですか。
T：I'm very well, thank you. *
　とても元気です。ありがとう。

からだの調子をたずねる（2）

T：How are you this morning? *
　今朝はごきげんいかがですか。
S：I'm quite well, thank you, and how are you? *
　元気です，ありがとう，あなたはどうですか。
T：I'm okay, thanks. *
　元気です，ありがとう。

1-2 出席をとる (Calling the roll)

出席をとる (1)

T : Please answer when I call your name. **
　名前をよびますから，返事をしてください。
　Mr. Asama? *
　アサマ君。
S : Yes. *
　はい。

出席をとる (2)

T : I'll call the roll. **
　出席をとります。
　Ms. Arakawa. *
　アラカワさん。
S : Here. *
　出席してます。

出席をとる (3)

T : Who's absent today? **
　今日はだれがお休みですか。
S : Shunsuke is absent. *
　シュンスケが休んでいます。
T : OK.
　そうですか。
　Thank you. *
　ありがとう。

1-3 ウォームアップ (Warm-up)

曜日をたずねる

T：What day is it today? *
今日は何曜日ですか。
It's Monday. *
月曜日です。

日付をたずねる

T：What date is it today? *
今日は何日ですか。
It's September 19th. *
9月19日です。

天気をたずねる

T：How is the weather? *
天気はどうですか。
It's sunny. *
晴れています。

今の天気をたずねる

T：How is the weather now? *
今の天気はどうですか。
S：It's raining. *
雨が降っています。

かぜをひいているかたずねる

T：Do you have a cold? *
かぜをひいていますか。
S：Yes, I do. *
はい，ひいています。
But it's not the flu.
でもインフルエンザではありません。

趣味をたずねる

T : Do you play shogi? *
あなたは将棋をしますか。

S : Yes, I do. *
はい，します。

I like it very much. *
私はそれがとても好きです。

英語の勉強についてたずねる

T : Did you study English last night? **
昨夜英語の勉強をしましたか。

S : Yes, I did. **
はい，しました。

I studied it for one hour. **
1時間しました。

放課後の活動についてたずねる

T : Did you play soccer yesterday after school? *
昨日放課後サッカーをしましたか。

S : No, I didn't. **
いいえ，しませんでした。

映画についてたずねる

T : Have you ever seen Star Wars? ***
スターウォーズを見たことがありますか。

S : Yes, I have. ***
はい，見ました。

It's a very interesting movie. *
とても面白い映画です。

1-4 次の活動に進む（Going to the next activity）

復習をする

T : All right, let's review the last lesson. *
では，前回の授業の復習をしましょう。
Are you ready for the review? *
準備はいいですか。

S : Yes, Ms. Kobayashi. *
はい，コバヤシ先生。

次のレッスンに進む

T : Now, we are going to study lesson 5, part 2. **
それでは，レッスン5，パート2を勉強しましょう。
Are you ready? *
準備はいいですか。

S : Yes, Mr. Endo. *
はい，エンドウ先生。

新しいキーセンテンスを学ぶ

T : Next, we will learn today's key sentence. **
つぎに，今日のキーセンテンスを学びましょう。
Are you ready? *
準備はいいですか。

S : Yes, Mr. Ono. *
はい，オノ先生。

新出語句を学ぶ

T : Now, we are going to study the new words and phrases. **
それでは，新出語句を勉強しましょう。
Are you ready? *
準備はいいですか。

S : Yes, Mr. Yamada. *
はい，ヤマダ先生。

新しい表現を学ぶ

T : Now, we are going to learn today's new expressions. **
　それでは，今日の新出表現を勉強しましょう。
　Are you ready? *
　準備はいいですか。
S : Yes, Mr. Ito. *
　はい，イトウ先生。

CDを聞く

T : Let's listen to the CD. *
　CDを聞きましょう。
　Are you ready? *
　準備はいいですか。
S : Yes, Ms. Hirose. *
　はい，ヒロセ先生。

ビデオを見る

T : All right, we are going to watch the video. **
　それでは，ビデオを見ます。
　Are you ready? *
　準備はいいですか。
S : Yes, Ms. Noda. *
　はい，ノダ先生。

会話を練習する

T : OK. Let's practice this dialogue. *
　それでは，この会話を練習しましょう。
　Are you ready? *
　準備はいいですか。
S : Yes, Mr. Tomita. *
　はい，トミタ先生。

本文を読む

T：Let's read the text. *
本文を読みましょう。
Are you ready? *
準備はいいですか。
S：Yes. *
はい。

先生の後について読む

T：Repeat after me. *
後について読みなさい。
"Ken is a junior high school student." *
「ケンは中学生です。」
S："Ken is a junior high school student." *
「ケンは中学生です。」

ALT（Mr. Johnson）の後について読んでもらう

T：Repeat after Mr. Johnson. *
ジョンソン先生の後について読みなさい。
S：All right. *
はい。

先生と一緒に読む

T：Read along with me. *
私と一緒に読みなさい。
"Ken is a junior high school student." *
「ケンは中学生です。」
T&S："Ken is a junior high school student." *
「ケンは中学生です。」

この活動をしましょう

T：Now, let's practice this activity. *
この活動をしましょう。
S：Okay. *
はい。

ゲームをしましょう

T : Next, let's all play this game. *
　　次に，みんなでゲームをしましょう。
S : All right. *
　　はい。

この文を使って会話をしてください

T : I want you to have a conversation using this sentence. ***
　　この文を使って会話をしてください。
S : Sure. *
　　はい。

これらの表現を使って会話をしてください

T : I would like you to have a conversation using these expressions. ***
　　これらの表現を使って会話をしてください。
S : Okay. *
　　はい。

この熟語を使って短い文を作ってください

T : Now, I want you to write a short sentence using this idiom. ***
　　さあ，この熟語を使って短い文を書いてください。
S : Okay. *
　　はい。

会話の中でこれらの文を練習してください

T : I want you to practice these sentences in a conversation. ***
　　会話の中でこれらの文を練習してください。
S : Okay. *
　　はい。

1-5 復習 (Review)

前時の復習をする

T: Let's go over the last lesson. *
前の授業の復習をしましょう。
Are you ready to go over it? *
復習する準備はいいですか。

S: Okay, Mr. Kobayashi. *
はい，コバヤシ先生。

ページを開かせる

T: Turn to page 15, lesson 5, part 2. *
15ページ，レッスン5，パート2を開きなさい。
Are you ready for the review? *
復習する準備はいいですか。

S: All right, Mr. Hirano. *
はい，ヒラノ先生。

教科書のページを開かせる

T: Open your textbooks to page 22. *
教科書の22ページを開いてください。
Are you ready for the review? *
復習する準備はいいですか。

S: Yes, Ms. Saito. *
はい，サイトウ先生。

黒板に注目させ，前時の復習をする

T: Look at the blackboard. *
黒板を見てください。
We'll go over the last class. **
前回の授業の復習です。

S: All right, Mr. Watanabe. *
はい，ワタナベ先生。

前時の復習です

T：To begin with, let's review what we did in the last class. ***
　　まず最初に，前回の授業の復習です。
S：Okay, Ms. Murata. *
　　はい，ムラタ先生。

学習内容を思い出す

T：Do you remember this? *
　　これを覚えていますか。
S：Yes, I do. *
　　はい，覚えています。
　　(No, I don't. *)
　　(いいえ，忘れました。)

文を覚えているか確認する

T：Do you remember this sentence? *
　　この文を覚えていますか。
S：Yes, I do. *
　　はい，覚えています。
　　(No, I don't. *)
　　(いいえ，忘れました。)

文の意味の確認をする

T：Does anyone remember the meaning of this sentence? **
　　だれかこの文の意味を覚えていますか。
S：Yes, I do. *
　　はい，覚えています。
　　(No, I don't. *)
　　(いいえ，忘れました。)

文の意味をたずねる

T：Who can tell me the meaning of this sentence? **
　　だれかこの文の意味を知っていますか。
S：I can. *
　　知ってます。

Classroom English 1：授業展開に沿った表現

前時の学習内容を確認する

T：Do you remember what we did in the last lesson? ***
　前回の授業で何をやったか覚えていますか。

S：Yes, I do. *
　はい，覚えています。
　(No, I don't. *)
　(いいえ，覚えていません。)

前時で学習した表現を確認する

T：Do you remember the expression we studied in the last lesson? ***
　前回の授業で勉強した表現を覚えていますか。

S：Yes, I do. *
　はい，覚えています。
　(No, I don't. *)
　(いいえ，覚えていません。)

手をあげて，英語の意味を日本語で答えてもらう

T：Raise your hand if you can say "shrimp" in Japanese. ***
　シュリンプを日本語で言える人，手をあげてください。

S：I can. *
　言えます。
　It's "ebi" in Japanese. *
　それは，日本語で「エビ」です。

英語の表現の意味を日本語で言ってもらう

T：How do you say "dragonfly" in Japanese? *
　ドラゴンフライを日本語で何と言いますか。

S：It's "tonbo". *
　それは「トンボ」です。

日本語の表現を英語で言ってもらう

T：What's the English for "tanpopo"? *
　タンポポを英語で何と言いますか。

S：I know! *
　はい。
　It's "dandelion". *
　それは，ダンデライオンです。

19

問題の答えをたずねる

T : Is there anybody who knows the answer to this question? ***
　　この問題の答えがわかる人いますか。
　　Who knows the answer ? **
　　誰か答えられますか。
S : Yes. *
　　はい。
　　I know. *
　　わかります。

手をあげて，文の意味を答えてもらう

T : Please raise your hand if you understand this sentence. ***
　　この文の意味がわかったら，手をあげてください。
S : Yes. *
　　はい。

答えがわかったら，手をあげてもらう

T : Put your hand up if you know the answer. ***
　　答えがわかったら，手をあげてください。
S : I know. *
　　はい。

答えられたら，手をあげてもらう

T : Raise your hand if you can answer this question. ***
　　この問題に答えられたら，手をあげてください。
S : Yes, I can. *
　　はい，答えられます。

1-6 既習の目標文の復習 (Reviewing the target sentence)

前回のキーセンテンス

T：This is the "key sentence" from the last lesson. **
　これは前回のキーセンテンスです。
　Please repeat after me. *
　私の後について言ってください。

先週の水曜日の目標文

T：That is the "target sentence" from last Wednesday. **
　それは先週の水曜日の目標文です。
　Repeat it after Mr. White. *
　ホワイト先生の後についてそれを言ってください。

レッスン5の基本文

T：These are the "basic sentences" of lesson 5. **
　これらはレッスン5の基本文です。
　Let's read them together. *
　一緒にそれらを読みましょう。

前回の重要文

T：Those are the "important sentences" we studied last time. ***
　それらは前回勉強した重要文です。
　Let's read them carefully. *
　一緒にそれらをていねいに読みましょう。

昨日勉強した文

T：We studied this sentence yesterday. **
　この文は昨日勉強しました。
　Please read it one more time. *
　もう一度それを読んでください。

ユニット４，パート２の新出語

T : These were the "new words" of Unit 4, Part 2. **
これらは，ユニット４，パート２の「新出語」でした。
Repeat them after me. *
私の後についてそれらを読んでください。

おととい勉強した新出語

T : These are the "new words" we studied the day before yesterday. ***
これらは，おととい勉強した「新出語」です。
Repeat them after Mr. Brown this time. *
今度は，ブラウン先生の後についてそれらを読んでください。

重要な単語

T : Those are the important words we studied last Monday. ***
あれらは，先週の月曜に勉強した重要な単語です。
Let's read them aloud. *
声に出してそれらを読みましょう。

先週勉強した表現

T : We studied this expression last week. **
この表現を先週勉強しました。
Please read it again. *
もう一度それを読みましょう。

1-7 復習のための言語活動 (Activities for review)

前回と同じ言語活動

T : Let's do this activity. *
この活動をやりましょう。
We did it last time. **
それは前回やったものです。

S : Okay. *
はい。

Classroom English 1：授業展開に沿った表現

先週と同じ言語活動

T：We are going to do the drill like we did last week. ***
　先週やったようにこの練習（ドリル）をやりましょう。
S：All right. *
　はい。

ペアでの言語活動

T：Please do this exercise in pairs. *
　この練習をペアでやりましょう。
S：Okay. *
　はい。

友達との言語活動

T：Please have a conversation with your friend. *
　友達と会話をしてください。
S：Sure. *
　はい。

グループでの言語活動

T：I'd like you to practice this dialogue in groups. ***
　グループで会話をしてください。
S：Okay. *
　はい。

Q&Aを使った言語活動

T：Why don't you try "questions and answers" using this dialogue? ***
　「質問と応答」を，この対話を使ってやってみたらいかがですか。
S：All right. *
　はい。

前回と同様のロールプレイでの言語活動

T：It's time for you to do a role play the same as last time. ***
　前回やったようにロールプレイをする時間です。
S：Sure. *
　はい。

クイズを使った言語活動

T：It's time for us to have a quiz on the words we studied last time. ***
　前回勉強した単語のクイズをする時間です。

S：Sure.*
　はい。

1-8 復習の終了 (End of review work)

練習の終了

T：All right. *
　はい。
　Stop practicing, please. *
　練習をやめてください。
　Well done. *
　よくできました。

ほめながらの終了

T：That's it. *
　そこまでにしましょう。
　Thanks a lot. *
　ごくろうさま。
　You did a good job. *
　よくできました。

言語活動の終了

T：Okay. *
　はい。
　Please finish this activity. *
　この活動は終わりにしましょう。
　Thanks. *
　ごくろうさまでした。

会話練習の終了

T：All right. *
　はい。
　Stop your conversation practice. *
　会話練習をやめてください。
　You all did very well. *
　みなさん，よくできました。

1-9 英語あるいは日本語での発言の促進 (Suggestions for answering in English or Japanese)

英語で言うように促す (1)

T：Can you say this sentence in English? **
　この文を英語で言ってください。
S：Yes, Ms. Yamanishi. *
　はい，ヤマニシ先生。

英語で言うように促す (2)

T：Mako, please try to say that in English. *
　マコさん，それを英語で言ってみてください。
S：All right, Ms. Yoshida. *
　はい，ヨシダ先生。

日本語で言うように促す

T：Okay, Mika, please tell me "frog" in Japanese. *
　はい，ミカさん。フロッグを日本語で言ってください。
S：Yes, Mr. Abe. *
　はい，アベ先生。
　It's "kaeru" in Japanese.
　それは，「カエル」です。

日本語で答えるように促す

T : Sayaka, please answer in Japanese. *
　サヤカさん，日本語で答えてください。
S : All right, Mr. Imai. *
　はい，イマイ先生。

大きな声で話してもらう

T : Speak up, please. *
　もっと大きな声で話してください。
S : Okay. *
　はい。

もう少し大きな声で話してもらう

T : Speak a little louder, please. *
　もう少し大きな声で話してください。
S : Okay, Mr. Matsuda. *
　はい，マツダ先生。

あわてないよう活動を促す

T : Take your time. *
　ゆっくりやってください。
S : Thank you, Ms. Okamoto. *
　ありがとうございます，オカモト先生。

1-10 賞賛あるいは再考の指示 (Praise or suggestions for another try)

生徒の答えに対してほめる

T : Yes, that's right, Daiki.
　そのとおりです。ダイキ君。
S : Thank you, Mr. Konishi. *
　ありがとうございます，コニシ先生。

Classroom English 1：授業展開に沿った表現

再考を促す

T：Sorry, that's wrong.
　　残念だけど，ちがいます。
　　Try again. *
　　もう一度やってみて。
S：All right.*
　　はい。

正しいと評価する (1)

T：Yes, you are right, Yuko. *
　　そうです，ユウコさん。
S：Thank you. *
　　ありがとうございます。

正しいと評価する (2)

T：You got it right. **
　　正解です。
S：Thank you. *
　　ありがとうございます。

誤りだと評価する

T：You got it wrong. **
　　まちがいです。
S：Really? *
　　本当ですか。

正解をほめる

T：Very good, Maki. *
　　マキさん，大変よくできました。
S：Thank you. *
　　ありがとうございます。

27

正解あるいは頑張ったことをほめる

T : Good job, Hiroshi. *
　　ヒロシ君，よくできました。
S : Thank you. *
　　ありがとうございます。

よくできたことをほめる (1)

T : Excellent. *
　　素晴らしい。
　　You did a good job, Tomoaki. *
　　トモアキ君，よくできました。
S : I did it. *
　　やった。
　　Thank you. *
　　ありがとうございます。

よくできたことをほめる (2)

T : Fantastic. *
　　すごい。
　　You did a great job, Riku. *
　　リク君，大変よくできました。
S : Thanks! *
　　ありがとう！

答えがもう少しで正解だとはげます

T : That's close. *
　　おしい。
　　Keep trying! *
　　もうちょっと。
S : OK, I'll try. **
　　わかりました，やってみます。

Classroom English 1：授業展開に沿った表現

他の表現をもとめる

T : It's close, but it's another expression, Shunsuke. **
　　ちかいけど，ほかの表現だよ，シュンスケ君。
S : Really? *
　　ほんと？
　　Let me see. *
　　えーと。

答えの確認をする

T : Are you sure, Junko? **
　　それでいいですか，ジュンコさん。
S : Well... *
　　えーと。

他の答えを引き出す

T : Do you have another answer, Tsuyoshi? **
　　ツヨシ君，ほかの答えがありますか。
S : Yes. *
　　はい。
　　(No. *)
　　(いいえ。)

答えたことをほめて，さらに良い答えを引き出す

T : Good try, but there is another answer. **
　　がんばったね，でもほかに答えがあるよ。
S : Really? *
　　ホント？

1-11 新教材の導入 (Introduction of new materials)

レッスンとパートを指定するとき

T：All right, let's study lesson 5, part 2.*
　それでは，レッスン5，パート2を勉強しましょう。
S：Okay.*
　はい。

本日のキーセンテンスを導入するとき

T：Now, we are going to study today's "key sentence".**
　これから，今日のキーセンテンスを勉強します。
S：All right.*
　はい。

本日のターゲットセンテンスを導入するとき

T：Now, we are going to study today's "target sentences".**
　これから，今日のターゲットセンテンスを勉強します。
S：Okay.*
　はい。

新しい文型を導入するとき

T：Now, we are going to learn a new sentence.**
　これから，新しい文を学びます。
S：Sure.*
　はい。

大切な文を導入するとき

T：All right then, I want you to study an important sentence.***
　さて，これから，重要な文を勉強してもらいます。
S：Okay.*
　はい。

Classroom English 1：授業展開に沿った表現

新出単語を導入するとき

T：Okay, we'll learn today's "new words". **
これから，今日の新出単語を学びます。
S：Yes. *
はい。

新出語句を導入するとき

T：All right, we are going to look at "new words and phrases". **
これから，新出語句を見てみましょう。
S：Okay. *
はい。

新出語句の練習を促すとき

T：Well, I want you to practice the "new words and phrases". ***
それでは，新出語句を練習しましょう。
S：Sure. **
わかりました。

対話練習を促すとき

T：I want you all to learn this dialogue. ***
みなさんにこの対話を学んでもらいます。
S：Yes, let's. *
はい，やりましょう。

英語表現の学習を促すとき

T：Everyone, I want you to learn how to say the sounds of animals in English. ***
みなさん，動物の鳴き声を英語で何というか勉強しましょう。
S：All right *
わかりました。

新出単語の発音練習をするとき

T：Okay, let's practice how to pronounce the new words. ***
では，新しい単語をどうやって発音するか練習しましょう。
S：Okay. *
わかりました。

1-12 さまざまな*練習を促すときの表現* (Expressions for various exercises)

① 口頭練習 (Oral practice)

対話練習を促すとき

T : Next, let's practice this dialogue. *
　次にこの対話練習をしましょう。
S : Okay. *
　わかりました。

学習した文を使った会話練習を促すとき

T : Now, we'll have a conversation using this sentence. ***
　さあ，この文を使って会話をしましょう。
S : Okay. *
　はい。

英文を繰り返して練習するとき

T : Let's repeat this sentence. *
　この文を繰り返し言いましょう。
S : Okay. *
　はい。

質問と応答の練習を促すとき

T : I want you to try "questions and answers". ***
　「質問と応答」をやってください。
S : All right. *
　はい。

先生の後について口頭練習を促すとき

T : Repeat after me. * "Do you like apples?" *
　私の後についてくり返してください。"Do you like apples?" *
S : "Do you like apples?" *

Classroom English 1：授業展開に沿った表現

ALTの後について口頭練習を促すとき

T：Repeat after Mr. Jackson.*
　　ジャクソン先生の後についてくり返してください。
S：Okay.*
　　はい。

CDを聞くとき

T：Now, we are going to listen to the CD.**
　　さあ，CDを聞きますよ。
S：All right.*
　　わかりました。

CDの後について口頭練習を促すとき

T：Repeat after the CD.*
　　CDの後についてくり返してください。
S：Okay.*
　　はい。

② 言語活動（Language activities）

言語活動を促すとき

T：All right, let's try doing this activity.**
　　それでは，この活動をやってみましょうか。
S：Okay.*
　　はい。

ゲームをするとき

T：O.K, let's play this game.*
　　それでは，このゲームをしましょう。
S：Yes.*
　　はい。

かくれんぼをするとき

T : Now, let's play "hide and seek". *
　かくれんぼをしましょう。
S : Okay. *
　はい。

ゲームをみんなですることを促すとき

T : Next, everyone will play this game. **
　次はみんなでこのゲームをしましょう。
S : All right.
　はい。
　Let's do it. *
　やりましょう。

伝言ゲームを行うとき

T : Next, let's all play a whisper game. *
　次はみんなで伝言ゲームをしましょう。
S : All right.
　はい。
　Let's do it. *
　やりましょう。

学習した文を使ってスキット作成を促すとき

T : I want you to make a short skit using this sentence. ***
　この文を使って短いスキットを作ってください。
S : All right. *
　はい。

スキットの発表を促すとき

T : I want you to perform a short skit using this sentence. ***
　この文を使って短いスキットを発表してください。
S : That sounds fun. *
　楽しそう。

Classroom English 1：授業展開に沿った表現

③　ペアやグループの編成（Making pairs or groups）

ペアの編成を促すとき

T：Make a pair (pairs). *
　　ペアを組みなさい。
S：All right. *
　　はい。

3人のグループ編成を促すとき

T：Form groups of three. **
　　3人のグループを作りなさい。
S：All right. *
　　はい。

4人のグループ編成を促すとき

T：Please get into groups of four. **
　　4人ずつのグループになりなさい。
S：Okay. *
　　はい。

5人のグループ編成を促すとき

T：Make groups of five. *
　　5人ずつのグループになりなさい。
S：Okay. *
　　はい。

グループで対話練習を促すとき

T：Let's practice this dialogue in groups of four. **
　　4人一組で，この対話を練習しなさい。
S：All right. *
　　はい。

35

後ろの人との練習を促すとき

T : Please turn around and practice with the person behind you.***
　後ろを向いて後ろの人と練習しなさい。
S : Sure. *
　はい。

グループ内で，学習した文で「質問と応答」を促すとき

T : In your groups, please try some "questions and answers" using this expression.***
　グループで，「質問と応答」をこの表現を用いてやってごらんなさい。
S : Okay. *
　はい。

ペアで学習した内容について会話することを促すとき

T : In your pairs, please have a conversation about today's topic.***
　ペアで，今日のトピックについて会話をしてごらんなさい。
S : All right. *
　はい。

3人のグループで会話練習を促すとき

T : Please get into groups of three and have a conversation. ***
　3人のグループを組み，会話練習をしてください。
S : Sure. *
　はい。

インタビューの相手探しを促すとき

T : Please stand up and find people to interview. ***
　立ってインタビューの相手を探してください。
S : Okay. *
　はい。

Classroom English 1：授業展開に沿った表現

④ Yes/No疑問文の練習（Practice for Yes/No questions）

Yes/No疑問文の学習を促すとき

T：Let's learn the sentence, "Do you like 〜?" **
"Do you like 〜?" の文を勉強しましょう。
Okay? *
良いですか。
Let's go. *
ではやってみましょう。

疑問文を使って対話文の練習を促すとき

T：Please practice the dialogue using "Does he make 〜?" ***
"Does he make 〜?" の文を使って対話練習をしましょう。
Is everything all right? *
良いですか。
Let's do it. *
ではやってみましょう。

疑問文の作文を促すとき

T：Let's write sentences using "Do they eat 〜?" ***
"Do they eat 〜?" * を使って文を書いてみましょう。
Okay ? *
良いですか。
Then, let's get going. **
ではやってみましょう。

ペアで疑問文を使った会話を促すとき

T：In your pairs, I'd like you to have a conversation using
"Does Jack go to 〜　?" ***
ペアで "Does Jack go to 〜　?" の文を使って会話をしてみましょう。
Do you understand? *
良いですか。
O.K.　Let's go. *
ではやってみましょう。

グループで疑問文を使った会話練習を促すとき

T：In your groups, please practice the dialogue using "Do we play 〜?" ***
グループで"Do we play 〜?"の文を使って会話をしてみましょう。
Are you ready? *
準備はいいですか。
Here we go. *
やってみましょう。

⑤ Wh疑問文の練習（Practice for Wh questions）

Wh疑問文の学習を促すとき

T：Let's learn the sentence, "What do you have?" **
"What do you have?"の文を勉強しましょう。
Okay? *
良いですか。
Let's do it. *
ではやってみましょう。

Wh疑問文を使って対話文の練習を促すとき

T：Please practice the dialogue using "Who is taller, A or B?" ***
"Who is taller, A or B?"の文を使って対話練習をしましょう。
All right?
良いですか。
Let's do it. *
ではやってみましょう。

Wh疑問文の作文を促すとき

T：Let's write sentences using "Which do you like better, A or B?" ***
"Which do you like better, A or B?" ** を使って文を書いてみましょう。
Okay? *
良いですか。
Then try it. *
ではやってみましょう。

相手をさがして，Wh疑問文を使った会話を促すとき

T：I'd like you to find a new partner and have a conversation using
"What time do you ～?" ***
新しいパートナーを探して "What time do you ～?" の文を使って会話をしてみましょう。
Do you understand? *
良いですか。
O.K. Let's go. *
ではやってみましょう。

グループでWh疑問文を使った会話練習を促すとき

T：In your groups, please practice the dialogue using
"What color do you like?" ***
グループで "What color do you like?" の文を使って会話をしてみましょう。
Are you ready *
準備はいいですか。
Here we go. *
やってみましょう。

⑥ CDを聞く（Listening to CDs）

CDを聞く

T：Now, listen to the CD. *
　　CDを聞きましょう。
S：Okay. *
　　はい。

CDの後について口頭練習をする

T：Listen to the CD and repeat each sentence. **
　　CDを聞き，それぞれの文をくり返してください。
S：Okay. *
　　はい。

CDの文を注意深くもう一度聞き，口頭練習をする
T : I'll play it again, so listen carefully and repeat each sentence. ** 　　もう一度CDを注意して聞き，それぞれの文をくり返してください。 S : All right. * 　　はい。

CDの文をもう一度聞き，もっと大きな声でくり返す
T : I'll play it once more, so please listen and repeat each sentence louder. *** 　　もう一度聞いて，それぞれの文をもっと大きな声でくり返してください。 S : Yes.* 　　はい。

⑦　機器の操作（Operation of equipment）

係りにCDプレーヤーの準備を依頼する（1）
T : Tomoko, please plug in the CD player for me. * 　　トモコさん，CDプレーヤーのプラグを入れて下さい。 S : Sure. * 　　はい。

係りにCDプレーヤーの操作を依頼する（2）
T : Eika, please switch on the CD player. * 　　エイカさん，CDプレーヤーのスイッチを入れて下さい。 S : All right. * 　　はい。

機器の操作の確認（1）
T : Is the switch on? * 　　スイッチは入っていますか。 S : Yes, it is. * 　　はい，入っています。

Classroom English 1：授業展開に沿った表現

機器の操作の確認（2）

T：Is the switch off? *
スイッチは切ってありますか。

S：No, it isn't. *
いいえ，切ってありません。

機器操作の指示

T：Please play the CD from the start. *
CDを初めからかけてください。

S：All right. *
はい，わかりました。

CDの音声が聞こえるかどうかの確認

T：Can you hear the CD well? *
CDの音がよく聞こえますか。

S：No, I can't. *
いいえ，聞こえません。

CDの音量についての確認と音量を上げる操作

T：Is the volume too low? *
音が小さいですか。
All right. *
わかりました。
I'll turn the volume up. **
ボリュームを上げます。

S：That's better. *
よくなりました。
Thank you. *
ありがとうございます。

41

CDの音量についての確認と音量を下げる操作

T : Is it too loud? *
　　音が大きすぎますか。
　　Okay. *
　　わかりました。
　　I'll turn down the volume. **
　　ボリュームを下げます。
S : It's Okay. *
　　よく聞こえます。
　　Thank you. *
　　ありがとうございます。

聞き取りのため，CDで文をもう一度聞く

T : If you can't understand, let's listen one more time. ***
　　もしわからなければ，もう一度聞きましょう。
S : Yes, thank you. *
　　はい，ありがとうございます。

機器のセットのため，時間をとる

T : Please wait a minute while I set up the CD. **
　　CDを準備するまで少し待ってください。
　　Okay.
　　これで良し。
　　Ready? *
　　準備はいいですか。
S : Yes. *
　　はい。

CDの操作間違いの言い方

T : Oh, this is the wrong track on the CD. **
　　間違ったところをかけました。
　　Let's find the right one. **
　　正しいところを出します。
S : Yes. *
　　はい。

⑧　ビデオ（DVD）の視聴（Watching DVDs）

DVDを視聴するさいの指示

T：Next, let's watch the video (DVD). *
　　次に，ビデオ（DVD）をみましょう。
　　Are you ready? *
　　準備はいいですか。
S：Yes. *
　　はい。

DVDの視聴で，特定のシーンの再視聴

T：All right. Let's watch this scene once more. **
　　それでは，もう一度このシーンを見ましょう。
S：Okay. *
　　はい。

同じシーンをもう一度見たいかの確認と操作

T：Do you want to watch it again? **
　　もう一度見たいですか。
S：Yes. *
　　はい。
T：Okay then, I'll play it once more. **
　　では，もう一度ながします。
S：Thank you. *
　　ありがとうございます。

DVD視聴の留意点と指示

T：Please watch and listen carefully. **
　　注意して視聴してください。
　　I'll ask you some questions later. **
　　後でいくつか質問しますよ。
S：All right. *
　　わかりました。

| DVDの操作の指示 |

T : Natsumi, please switch on the video (DVD) player. *
　　ナツミ，ビデオ（DVD）プレーヤーのスイッチを入れてください。
S : All right. *
　　わかりました。

| DVDの操作の確認 (1) |

T : Is the switch on? *
　　スイッチは入っていますか。
S : Yes, it is. *
　　はい，入っています。

| DVDの操作の確認 (2) |

T : Is the switch off? *
　　スイッチは切れていますか。
S : No, it isn't. *
　　いいえ，切れていません。

| スクリーンの確認 |

T : Can you see the screen? *
　　スクリーンは見えますか。
S : No, I can't. *
　　いいえ，見えません。

| 教室内の明るさの調整 |

T : Oh, it's too bright. *
　　明るすぎますね。
　　Close the curtain. *
　　カーテンを閉めてください。
　　Is this better now? **
　　よく見えますか。
S : Yes, that's better. **
　　はい，前よりもいいです。

Classroom English 1：授業展開に沿った表現

係りにビデオプレーヤーの準備を依頼する

T：Miss Suzuki, please plug in the video player for me. **
スズキさん，ビデオプレーヤーのプラグを入れてください。
S：Sure. *
わかりました。

1-13 言語活動の指示（Expressions for language activities）

① 基本的な指示（Basic expressions）

アクティビティの指示

T：All right, let's practice this activity. *
それでは，この活動をしましょう。
S：Okay. *
わかりました。

対話練習を促すとき

T：I want you to practice this dialogue. **
この対話練習をしてください。
S：All right. *
わかりました。

会話練習を促すとき

T：You are going to have a conversation using this sentence. ***
この文を使って会話をしてください。
S：All right. *
わかりました。

学習した文などを使って文を書く指示

T：I would like you to write a short sentence using this idiom. ***
このイディオムを使って短い文を書いてください。
S：Okay. *
わかりました。

学習した文などを使ってゲームをする活動の指示

T : I would like you to play this game using this sentence. ***
　この文を使ってこのゲームをしてください。

S : All right. *
　わかりました。

本文をCDで聞くことを促す

T : I want you to listen to the text on the CD. **
　本文をCDで聞いてください。

S : Yes. *
　わかりました。

② ゲームの指示 (Expressions for playing games)

「私はだれ？」ゲーム

T : Let's play a sentence game. *
　文を使ってゲームをしましょう。
　It's the "Who am I ?" game. *
　「私はだれ？」ゲームです。

S : Okay. *
　わかりました。
　Let's start. *
　はじめましょう。

「机の上に何がある？」ゲームです

T : I want you to play a word game. **
　単語を使ったゲームをします。
　It's the "What is there on the desk?" game. **
　「机の上に何がある？」ゲームです。

S : All right. *
　はい。

サウンドゲーム

T：I would like you to play the sound game. **
　サウンドゲームをします。

S：What is it? *
　どんなゲームですか。

T：You will hear a sound and then tell us what it is. ***
　音を聞いて，何だか当ててください。

S：I understand. *
　わかりました。

ビンゴゲーム

T：You are going to play a number game. **
　数を使ったゲームをします。

S：How do you play it? *
　どうやるのですか。

T：Well, it's number bingo. *
　数でのビンゴゲームです。

S：Oh, I know it. *
　あ，知ってます。

③　歌の指示（Expressions for singing a song）

クリスマスソング

T：I want you to sing this song. **
　この歌を歌ってください。
　It's a Christmas song. *
　クリスマスソングです。

S：Okay. *
　はい。
　Let's sing. *
　歌いましょう。

ポップ・ミュージック

T : Let's sing a song. *
　歌を歌いましょう。
　It's a pop song. *
　流行歌です。
S : Okay. *
　はい。
　Let's sing. *
　歌いましょう。

アニメソング

T : Why don't we sing a song? *
　歌を歌いましょう。
　It's an anime song. *
　アニメの歌です。
S : Sounds good. *
　いいですね。
　Let's sing. *
　歌いましょう。

「後ろの正面だーれ？」

T : Let's play ring-around-the-rosy. *
　「後ろの正面だーれ？」をしましょう。
S : What is it? *
　それは何ですか。
　How do you play? *
　どうするのですか。
T : Okay. *
　はい。
　I will show you. **
　こんなふうにやります。

④ 話す内容の指示（Indication of talking）

教科書の内容についての話し合い

T : Let's talk about lesson 7, part 2. *
　　レッスン7のパート2について、話しましょう。
S : Okay. *
　　わかりました。
　　Let's do it. *
　　やりましょう。

生徒の経験談についての話し合い

T : I want you to tell us about your experience. **
　　あなたの経験について話してください。
S : Okay. *
　　わかりました。
　　I will. *
　　お話しします。

部活動についての話し合い

T : I would like you to tell us about your club. **
　　あなたの部活について話してください。
S : All right. *
　　わかりました。

1-14 本日のまとめ（Today's review）

本日の復習

T : All right, let's review today's lesson. *
　　では今日の復習をしましょう。
S : All right. *
　　わかりました。

新しい文の復習

T : I want you to review today's "new sentences". **
新しい文の復習をしましょう。
S : Okay. *
わかりました。

新出単語の復習

T : I would like you to review today's "new words". **
新しい単語の復習をしましょう。
S : Sure. *
わかりました。

1-15 本日の授業の終了 (The end of today's lesson)

終了のあいさつ (1)

T : All right, class. *
はい，みなさん。
Let's stop there. *
そこで終わりにしましょう。
Well done. *
よくできました。
Good bye, class. *
さよなら，みなさん。
S : Good bye, Mr. Sasaki. *
さよなら，ササキ先生。

終了のあいさつ (2)

T : Okay, everyone. *
はい，みなさん。
We have finished today's lesson. ***
今日のレッスンは終わりです。
Thank you very much. *
ありがとうございました。
S : See you, Ms. Ikarashi. *
さよなら，イカラシ先生。

Classroom English 1：授業展開に沿った表現

終了のあいさつ (3)

T : That's all for today. *
　今日は以上です。
　See you next week. *
　来週まで，さようなら。
S : Good bye, Mr. Brown. *
　さよなら，ブラウン先生。

終了のあいさつ (4)

T : Let's stop here. *
　ここでやめましょう。
　See you tomorrow afternoon. *
　さよなら。明日の午後会いましょう。
S : Good bye, Ms. Clinton. *
　さよなら，クリントン先生。

Classroom English 2：言語活動のための表現

［注：*の文は初級者レベル，**の文は中級者レベル，***の文は上級者レベルの表現］

2-1 あいさつ

通常のあいさつ

A：Hi！ How are you？*
　　やあ。元気ですか。
B：Fine, thank you.* And you？*
　　元気です，ありがとう。あなたはどうですか。
A：Pretty good.*
　　すごく調子いいよ。
　　(I'm fine.* ／ I'm okay.*)
　　(わたしは元気です。／ わたしは大丈夫です。)

別れのあいさつ

A：See you.*
　　じゃあね。
　　(Goodbye.* ／ Bye.* ／ Bye-bye.*)
　　(さようなら。／ さよなら。／ バイバイ。)
B：See you later.*
　　さようなら，またあとで。

言葉遊びで，子供たちに使われるあいさつ（日本語の「さよなら三角また来て四角」）

A：See you later, alligator.**
　　(later：あとで　とalligator：ワニ　が韻をふんでいる。)
　　それじゃまたね。
B：In a while, crocodile.**
　　(while：～の間　とcrocodile：ワニ　が韻をふんでいる。)
　　また今度ね。

1日のあいさつ

Good morning. *
おはよう。
Good afternoon. *
こんにちは。
Good evening. *
こんばんは。
Good night. *
おやすみなさい。

2-2 名前をたずねる

名前を教えあう

A：My name's Akira. *
　私の名前はアキラです。
　What's your name? *
　あなたの名前は何ですか。
B：My name's Beth. *
　私の名前はベスです。
A：Pardon? *
　すみません。
　Could you repeat that, please? **
　もう一度おねがいします。
B：I am Beth. *
　私はベスです。

2-3 出身地を聞く

出身はどちらですか

A : Where are you from? *
　どこの出身ですか。
B : I'm from New York, the United States of America. *
　アメリカのニューヨークです。
　Where are you from? *
　あなたは。
A : I'm from Niigata, Japan. *
　日本の新潟です。
B : Ni-i-ga-ta? *
　ニ-イ-ガ-タですか。
A : Yes. Ni-i-ga-ta. *
　はい，ニ-イ-ガ-タです。

世界の国々（アルファベット順）

Australia オーストラリア	Mexico メキシコ
Brazil ブラジル	Nepal ネパール
China 中国	Oman オマーン
Denmark デンマーク	Poland ポーランド
Egypt エジプト	Qatar カタール
France フランス	Russia ロシア
Germany ドイツ	Saudi Arabia サウジアラビア
Holland オランダ	Turkey トルコ
Italy イタリア	(the) USA アメリカ合衆国
Japan 日本	Vietnam ベトナム
Korea 朝鮮	Yemen イエメン
Libya リビア	Zimbabwe ジンバブエ

2-4 初対面や再会のあいさつ

はじめまして

A：How do you do, Mr. Clinton? *
　　はじめまして，クリントンさん。
　　Nice to meet you. *
　　あなたにお会いできてうれしいです。
B：How do you do, Mr. Yamamoto. *
　　はじめまして，ヤマモトさん。
　　Nice to meet you, too. *
　　私もあなたにお会いできてうれしいです。

また会えてうれしいです

Kate：Hi, Tom, nice to see you. *
　　　こんにちは，トム，会えてよかったわ。
Tom：Hi, Kate, nice to see you again, too. *
　　　こんにちは，ケイト，僕もまた会えてうれしいよ。

2-5 年齢をたずねる

何歳ですか

A：How old are you? *
あなたは，何歳ですか。

B：I'm ten years old. *
10歳です。

How old are you? *
あなたは何歳ですか。

A：I'm ten years old, too. *
私も10歳です。

How old is your brother? *
あなたのお兄さんは何歳ですか。

B：He is fifteen. *
彼は15歳です。

He is a high school student. *
彼は高校生です。

How old is your sister? *
あなたの妹は何歳ですか。

A：She is eight. *
彼女は，8歳です。

She is an elementary school pupil. *
彼女は小学生です。

2-6 学校の名前を聞く

なんという学校に通っているの

A：What school do you go to? *
　なんという学校に通っているの。

B：One more time, please. *
　どうぞもう一度言ってください。

A：What's the name of your school? *
　あなたの学校の名前は何ですか。

B：Oh, I see. *
　あぁ，わかりました。
　Niigata Elementary School. *
　新潟小学校です。

A：What grade are you in? *
　何年生ですか。

B：Grade five. *
　5年生です。

2-7 特徴を聞いて何かを当てるクイズ

それは何ですか

A：It's green and black outside. *
　　そとは緑と黒です。
　　It's red inside. *
　　中は赤です。
　　It's round. *
　　丸いです。
　　What is it? *
　　何でしょう。
B：Is it a pepper? *
　　ピーマンですか。
A：No, try again. *
　　いいえ，もう一度考えて。
B：Is it red inside? *
　　中は赤いんですよね。
A：Yes, it is. *
　　そうです。
B：Is it a watermelon? *
　　スイカですか。
A：Bingo! *
　　当たりです。

Classroom English 2：言語活動のための表現

2-8 色ぬりゲームの指示

図形に色をぬる指示

T：Please do what I say. ***
　私の言うとおりにしてください。
　Okay? *
　いいですか。
　Please color the circle black. ***
　そのマルを黒色でぬってください。
　Please color the square yellow. ***
　その四角を黄色でぬってください。
　Please color the triangle blue. ***
　その三角を青色でぬってください。
　Please color the heart purple. ***
　そのハートを紫でぬってください。
　Please color the star pink. ***
　その星をピンクでぬってください。
　Please color the diamond green. ***
　そのダイアを緑色でぬってください。
　Please color the spade orange. ***
　そのスペードをオレンジ色でぬってください。

色についてたずねる

A：What color is your circle? *
　あなたのマルは何色ですか。
B：It's black. *
　黒色です。
A：What color is your square? *
　あなたの四角は何色ですか。
B：It's red. *
　赤です。

59

何色のジャケット

A：What color jacket do you want? **
あなたは何色のジャケットがほしいですか。

B：I want a blue jacket. *
私は青いジャケットがほしいです。

A：Do you like this? *
これはいかがですか。

B：Yes, I do. *
気に入りました。
How much is this? *
おいくらですか。

A：10 dollars. *
10ドルです。

B：Okay. *
はい。
Here you are.
代金です。

A：Thank you. *
ありがとうございます。

2-9 虹の色

虹の色

A: Look! *
見て。
A rainbow. *
虹よ。

B: Very beautiful. *
とっても美しいね。

A: How many colors are there? *
何色ある。

B: Seven. *
7色です。

A: What are they? *
それらはどんな色ですか。

B: They are red, orange, yellow, green, blue, indigo, and violet. **
赤, オレンジ, 黄, 緑, 青, 藍, そして紫です。

虹の色のぬりえゲーム

A: Color your rainbow any way you like, using your imagination. ***
想像力を使って, あなたの好きな色で虹をぬりましょう。

B: All right. *
わかりました。

A: Exchange your rainbows with your friends. **
あなたの虹を, 友達と交換しましょう。

B: OK. *
はい。
Let me see. *
見せてください。
Your rainbow is very beautiful. *
あなたの虹はとても美しいですね。

A: And now, let's vote on whose rainbow is the most original, strangest, or the most beautiful. ***
そして, 次に誰の虹が一番, 独創的か, 奇抜か, あるいは最も美しいか投票しましょう。

B: Let's vote. *
投票しましょう。

2-10 しりとりゲーム

しりとりゲーム

A：Let's play a *shiritori* game. *
　　しりとりゲームをしましょう。
　　Let's go clockwise. *
　　時計回りに行きます。
　　OK? *
　　いいですか。
　　Dog. *
　　犬。
B：GGG…gum. *
　　GGG…ガム。
C：MMM… mountain. *
　　MMM… 山。

2-11 スポーツについて

スポーツについてたずねる

A：Do you like sports? *
　　スポーツは好きですか。
B：Yes, I do. *
　　はい，好きです。
　　I like soccer. *
　　私はサッカーが好きです。
　　Do you like soccer? *
　　あなたはサッカーが好きですか。
A：Yes, I do. *
　　はい，好きです。
　　It's fun. *
　　楽しいです。
　　It's exciting. *
　　おもしろいです。
B：Let's play together some time. **
　　いつか一緒にやりましょう。
A：Yes, let's. *
　　ええ，やりましょう。

Classroom English 2：言語活動のための表現

野球をすることができますか

A：I can play baseball. *
　　私は野球をすることができます。
　　Can you play baseball? *
　　君は野球をすることができますか。
B：Yes, I can. *
　　はい，できます。
　　I like it very much. *
　　私は野球が大好きです。
　　I'm a pitcher. *
　　私はピッチャーです。
A：I'm a catcher. *
　　私はキャッチャーです。
　　Let's play catch. *
　　キャッチボールをしましょう。
B：Yes, let's. *
　　はい，しましょう。

一塁

A：What position do you play? *
　　どこを守っていますか。
B：I play first base. *
　　私は一塁を守っています。
A：I play shortstop. *
　　私はショートを守っています。

甲子園

A：I want to play at Koshien Stadium. **
　　私は甲子園球場で野球をしたいです。
B：Are you a regular player? *
　　あなたは，レギュラーですか。
A：I am a center fielder. *
　　私はセンターです。

他のスポーツは何ができますか

A：What other sports can you play? *
　他のスポーツは何ができますか。

B：I can play tennis a little. *
　私は，テニスが少しできます。
　Can you? *
　あなたは。

A：No, I can't. *
　いいえ，わたしはできません。

2-12 動物について

動物についてたずねる

A：Do you like dogs? *
　犬は好きですか。

B：Yes, I do. *
　はい，好きです。
　How about you? *
　あなたはどうですか。

A：I like dogs, too. *
　私も犬が好きです。
　They are friendly and smart. *
　犬は人なつっこくて利口です。

B：Do you like cats? *
　あなたはネコが好きですか。

A：Yes, I do. *
　はい，好きです。
　They are cute and gentle. *
　ネコはかわいくてやさしいです。

A：Do you like lions? *
　ライオンは好きですか。

B：No, I don't. *
　いいえ，好きではありません。
　They are wild and scary. *
　ライオンはらんぼうでこわいです。

いろいろな動物（特徴）

ant　アリ（small　小さい）	giraffe　キリン（tall　背が高い）
bear　クマ（strong　強い）	lion　ライオン（strong　強い）
bee　ハチ（sting　さす）	monkey　サル（funny　おもしろい）
butterfly　チョウチョウ　（beautiful　美しい）	mouse　ネズミ（small　小さい）
	pig　ブタ（fat　太っている）
caterpillar　ムカデ（ugly　みにくい）	snail　カタツムリ（slow　のろい）
cheetah　チーター（fast　速い）	snake　ヘビ（scary　こわい）
dolphin　イルカ（smart　かしこい）	tortoise　カメ（slow　のろい）
elephant　ゾウ（big　大きい）	zebra　シマウマ（fast　速い）

2-13　放課後の活動

放課後の活動についてたずねる（1）

A：What do you do after school? *
　　放課後は何をしますか。
B：I play soccer. *
　　私はサッカーをします。
A：Do you like soccer? *
　　サッカーは好きですか。
B：Yes, I do. *
　　はい，好きです。
　　I like it very much. *
　　私はそれが大好きです。
　　It's fun. *
　　楽しいです。

playで表現すること

play baseball 野球をする
play tennis テニスをする
play ping pong 卓球をする
play volleyball バレーボールをする
play sports スポーツをする
play the piano ピアノをひく
play the flute フルートを演奏する
play the recorder リコーダーを演奏する
play the guitar ギターをひく
play the drums ドラムを演奏する
play the trumpet トランペットを演奏する
play the xylophone 木琴を演奏する
play computer games コンピュータゲームをする

放課後の活動についてたずねる (2)

A: What do you do after school? *
　放課後は何をしますか。
B: I practice judo. *
　私は柔道をします。
A: What Dan grade do you have? *
　柔道は何段ですか。
B: I have a first Dan in judo. *
　初段です。
　I am a black belt in judo. *
　黒帯をもっています。
A: That's great! *
　それはすばらしい。

practice, doで表現すること

practice judo 柔道をする　　practice sumo 相撲をとる
practice kendo 剣道をする　　do gymnastics 体操をする
practice karate 空手をする　　do my homework 宿題をする

放課後の活動についてたずねる（3）

A：What club are you in? *
　　どの部活に所属していますか。
B：I am in the swimming club. *
　　水泳部です。
A：What style of swimming are you good at? **
　　何泳ぎが得意ですか。
B：I am good at the breaststroke. *
　　平泳ぎが得意です。

動詞で表現する運動

swim 泳ぐ　　　　　　　　jog ジョギングをする
ski スキーをする　　　　　run 走る
skate スケートをする　　　walk 歩く

その他の表現

A：What do you do after school? *
　　あなたは，放課後何をしますか。
B：I go back to my house and help my mother. *
　　私は家に帰り母の手伝いをします。
A：Is your mother busy? *
　　あなたのお母さんは忙しいですか。
B：She takes care of my grandmother every day. *
　　母は，お婆ちゃんの介護を毎日しています。
　　So I cook dinner for my family. *
　　それで私は家族の夕食を作ります。
　　But I often watch TV. *
　　でもときどきテレビを見ます。

2-14 食べること

おなかがすいた

A: I'm hungry. *
   おなかがすいた。
   I want a snack. *
   おやつが食べたいな。
B: Here you are. *
   はい，どうぞ。
A: Thank you, Mom. *
   ありがとう，お母さん。
   It's great. *
   おいしい。

のどがかわいた

A: I'm thirsty. *
   のどがかわいた。
   Can I have some juice? *
   ジュースを飲んでもいいですか。
B: Here you are. *
   はい，どうぞ。
A: Thank you, Mom. *
   ありがとう，お母さん。
   It's good. *
   おいしい。

暑いからアイス食べたい

A: I'm hot. *
   暑いなぁ。
   I want ice cream. *
   アイスクリーム食べたい。
B: Sorry, no ice cream. *
   ごめんね。アイスクリームないわ。
   I have yogurt.
   ヨーグルトならあるわよ。
A: Thank you, Mom. *
   ありがとう，お母さん。

Classroom English 2：言語活動のための表現

その他のおやつ

candy　キャンディ	cookies　クッキー
chewing gum　チューインガム	peanuts　ピーナッツ
chocolate　チョコレート	lollipops　ぺろぺろキャンディ
crackers　ビスケット	popcorn　ポップコーン
fruit　果物	sweets　スウィーツ

食べたいものを聞く

A：What do you want for lunch? *
　　お昼に何を食べたいですか。
B：I want a ham sandwich. *
　　ハムサンドが食べたいです。
　　How about you? *
　　あなたはどうですか。
A：I want a hamburger. *
　　私はハンバーガーが食べたいです。

2-15 ハンバーガーショップで

ハンバーガーを買う

Counter staff：Can I help you? *
　　　店員：ご注文は？
Customer：Yes, I want a hamburger and a coke, please. *
　　　客：はい，ハンバーガーとコーラをお願いします。
Counter staff：For here or to go? **
　　　店員：ここで召し上がりますか，それともお持ち帰りですか。
Customer：To go. **
　　　客：持ち帰ります。
Counter staff：Your coke : Large, medium or small? *
　　　店員：コーラは，大，中，それとも小ですか。
Customer：Small please. *
　　　客：小でお願いします。
Counter staff：Anything else? **
　　　店員：他には。
Customer：That's all, thank you. *
　　　　　　How much? *
　　　客：以上です。ありがとうございます。
　　　　　おいくらですか。
Counter staff：Three hundred and fifty yen. **
　　　店員：350円です。
Customer：Here you are. *
　　　客：はい，どうぞ。
Counter staff：Out of one thousand. ** Here's your change. *
　　　　　　Thank you. *
　　　店員：千円からのおつりです。
　　　　　ありがとうございました。
Customer：Thank you. *
　　　客：ありがとう。

Classroom English 2：言語活動のための表現

2-16 料理する？

ラーメン作れます

A：I can cook *ramen* and *tempura*. *
　私はラーメンと天ぷらを料理できます。
B：Me, too. *
　私もできます。
　I can make rice balls and salad. *
　おにぎりとサラダを作れます。
　Can you make salad? *
　サラダ作れますか。
A：Of course. *
　もちろんです。
　It's easy. *
　簡単ですよ。
　I'm a good cook. *
　私は料理が上手なんです。

みそ汁作れます

A：Can you make *miso* soup? *
　みそ汁作れますか。
B：Sure, I can. *
　はい，作れます。
　It's easy. *
　簡単ですよ。
A：Really? *
　本当ですか。
　Show me. *
　作ってみせてください。
B：You boil the water. *
　水を温めて。
　You make stock. *
　ダシをとります。
　You cut the tofu. *
　とうふを切ります。
　You put the tofu in the stock. *
　とうふをお湯の中に入れます。
　You put *miso* in the stock. *
　みそを入れます。

料理の動作

make 作る	mix 混ぜる
cut 切る	stir かき混ぜる
chop きりきざむ	pour そそぐ
slice 薄く切る	crack eggs 卵をわる
peel 皮をむく	mash すりつぶす
wash 洗う	steam むす
rinse すすぐ	boil ゆでる
spread butter on the bread　パンにバターをぬる	bake 焼く
	toast こんがり焼く
put のせる	fry 油であげる
add 加える	

2-17 あなたはペンをもっていますか

あなたはペンをもっていますか

A： I need a pen. *
　私はペンが必要です。
　Do you have a pen? *
　あなたはペンをもっていますか。

B： Just a minute. *
　ちょっと待ってください。
　Here you are. *
　はい，どうぞ。

A： Thank you. *
　ありがとう。

B： You're welcome. *
　どういたしまして。

Classroom English 2：言語活動のための表現

青色のペンもっていますか

A：Can I borrow a blue pen? *
　　青色のペンもっていますか。
B：Sorry, no blue pen. *
　　ごめんなさい，青色はないです。
　　I have a black pen. *
　　黒ならあります。
　　Here you are. *
　　どうぞ。
A：Thank you. *
　　ありがとう。
B：You're welcome. *
　　どういたしまして。

これはだれのペンですか

A：This is my pen. *
　　これは私のペンです。
　　Is this your pen? *
　　これはあなたのペンですか。
B：Yes, it is. *
　　はい，そうです。
　　It is my pen. *
　　それは私のペンです。
A：Is this your pen, too? *
　　これもあなたのペンですか。
B：No, it isn't. *
　　いいえ，ちがいます。
　　It is not my pen. *
　　それは，私のペンではありません。
A：Whose pen is this? *
　　これはだれのペンですか。
B：It's Tomoko's pen, I think. *
　　それはトモコのペンだと思います。

あなたの消しゴム使っていいですか

A：Can I use your eraser? *
あなたの消しゴム使っていいですか。

B：Sure, go ahead. *
どうぞ，使ってください。

A：Thank you. *
ありがとう。

B：No problem. *
どういたしまして。

2-18 英語の表現を問う

これは英語で何というのですか

A：What's this in English? *
これは英語で何というのですか。

B：It's a "dictionary". *
それは「辞書」です。

A：One more time, please. *
もう一度お願いします。

B：A dictionary. *
辞書です。

A：A dictionary? *
辞書ですか。

B：That's right. *
そうです。

2-19 数を問う

お店で果物を買うとき

A：Hello.
　　こんにちは。
　　May I help you? *
　　いらっしゃいませ。(ご用は何でしょうか。)
B：Umm, I want some oranges. *
　　えーと，オレンジをいくつかください。
A：Ok, how many oranges do you want? *
　　はい，いくつにいたしましょうか。
B：Ten, please. *
　　10個ください。
A：Here you are. *
　　はい，どうぞ。
　　Thank you. *
　　ありがとうございました。

ペンが必要なとき

A：How many pens do you need? *
　　あなたはペンを何本必要ですか。
B：Three pens. *
　　3本です。
　　Black, red and blue. *
　　黒，赤，そして青のペンです。

動物の数を聞くとき

A：How many dogs do you have? *
　　犬を何匹かっていますか。
B：I have two dogs. *
　　2匹かっています。
　　One is black and the other is white. *
　　一匹は黒色で，もう一匹は白色です。

きょうだいの人数を聞くとき

A : How many brothers and sisters do you have? *
あなたはきょうだいが何人いますか。

B : I have one brother. *
私には一人きょうだいがいます。
(I have no brothers. *)
(きょうだいはいません。)

2-20 曜日を問う

日曜日

A : What day is it today? *
今日は何曜日ですか。

B : It's Sunday. *
日曜日です。
I will play soccer. **
私はサッカーをします。

月曜日

A : What day is it today? *
今日は何曜日ですか。

B : It's Monday. *
月曜日です。
I have Japanese. *
日本語の授業があります。

火曜日

A : What day is it today? *
今日は何曜日ですか。

B : It's Tuesday. *
火曜日です。
I have music. *
音楽の授業があります。

Classroom English 2：言語活動のための表現

水曜日

A：What day is it today? *
今日は何曜日ですか。
B：It's Wednesday. *
水曜日です。
I have science. *
科学の授業があります。

木曜日

A：What day is it today? *
今日は何曜日ですか。
B：It's Thursday. *
木曜日です。
I have English. *
英語の授業があります。

金曜日

A：What day is it today? *
今日は何曜日ですか。
B：It's Friday. *
金曜日です。
I do my homework on Fridays. *
私は毎週金曜日には宿題をします。

土曜日

A：What day is it today? *
今日は何曜日ですか。
B：It's Saturday. *
土曜日です。
I help my mother on Saturdays. *
私は毎週土曜日には母の手伝いをします。

2-21 学校の授業や行事

授業の教科

A: What's your first class today? *
　一限目の授業は何ですか。

B: Math. *
　数学です。

A: I'm weak in math. *
　私は数学が苦手です。
　How about you? *
　あなたはどうですか。

B: Me too. *
　私もです。
　What's your second class? *
　あなたの二時間目の授業は何ですか。

A: PE. *
　体育です。
　I like it. *
　私はそれが好きです。
　Do you like it, too? *
　あなたもそれが好きですか。

B: Yes. *
　はい。
　I'm good at it. *
　私はそれが得意です。

Classroom English 2：言語活動のための表現

教科名など

Japanese 日本語（国語）
English 英語
math 算数
science 理科
social studies 社会
arts and crafts 図工
music 音楽
PE：physical education 体育
PT：physical training 体育

integrated studies 総合科
home economics 家庭科
homeroom 学級会
extra-curricular activities 課外活動
lunch break 昼休み
school assembly 全校集会

行事など

fire drill 火災避難訓練
outing 遠出
field trip 遠足
school festival 学園祭
school trip 修学旅行

sports day 運動会
spring vacation 春休み
summer vacation 夏休み
winter vacation 冬休み

遊びなど

climb a tree 木に登る
play hopscotch 石けり遊びをする
jump rope 縄跳びをする
play dodge ball ドッジボールをする
play hide-and-seek かくれんぼをする
play house ままごと遊びをする
play tag 鬼ごっこをする
play with a yoyo ヨーヨーで遊ぶ
ride a bike 自転車に乗る
ride a unicycle 一輪車に乗る
throw a boomerang ブーメランを投げる

2-22 数と計算

数を数えましょう (1)

A：Let's count from 1 to 10. *
1から10まで数えましょう。

B：All right. *
はい。
One, two, three, four, five, six, seven, eight, nine, ten. *
いち，に，さん，よん，ご，ろく，なな，はち，きゅう，じゅう。

数を数えましょう (2)

A：Let's count from 11 to 20. *
11から20まで数えましょう。

B：All right. *
はい。
Eleven, twelve, thirteen, fourteen, fifteen,
じゅういち，じゅうに，じゅうさん，じゅうよん，じゅうご，
sixteen, seventeen, eighteen, nineteen, twenty. *
じゅうろく，じゅうしち，じゅうはち，じゅうく，にじゅう。

数を数えましょう (3)

A：Let's count from 21 to 30. *
21から30まで数えましょう。

B：All right. *
はい。
Twenty-one, twenty-two, twenty-three, twenty-four, twenty-five,
にじゅういち，にじゅうに，にじゅうさん，にじゅうよん，にじゅうご，
twenty-six, twenty-seven, twenty-eight, twenty-nine, thirty. *
にじゅうろく，にじゅうなな，にじゅうはち，にじゅうく，さんじゅう。

Classroom English 2：言語活動のための表現

たし算とひき算

A：Can you add and subtract in English? *
　英語でたし算とひき算ができますか。
　1 plus 1 is ...? *
　1 + 1 は。
B：2. *
　に。
A：5 minus 2 is ...? *
　5 − 2 は。
B：3. *
　さん。
A：Good job. *
　よくできました。

かけ算とわり算

A：Let's multiply and divide in English. *
　英語でかけ算とわり算をしましょう。
　2 times 3 is...? *
　2 × 3 は。
B：6. *
　ろく。
A：9 divided by 3 is ...? ***
　9 ÷ 3 は。
B：3. *
　さん。
A：Very good. *
　よくできました。

計算練習（たし算）

A : Let's practice some mathematics. *
　計算練習をしましょう。
B : Ok. I'm ready. *
　準備はいいですよ。
A : What is 8 plus 5? *
　8 + 5 は何ですか。
B : That's easy. *
　かんたんです。
　The answer is 13. *
　答えは13です。
A : You are right. *
　そのとおりです。
　(That's correct. *　Bingo! *)
　(正解です。ビンゴ！)

計算練習（ひき算）

A : Next question. *
　次の問題です。
　What is 24 minus 7? *
　24 − 7 は何ですか。
B : 12. *
　12です。
A : No. *
　いいえ。
　You are wrong. *
　まちがいです。
　The answer is 17. *
　答えは17です。

Classroom English 2：言語活動のための表現

計算練習（かけ算）

A：Now it's your turn. *
今度はあなたの番です。
Are you ready? *
準備はいいですか。
B：Sure. *
はい。
What is 4 times 9? *
4 × 9 は何ですか。
A：4 times 9? *
4 × 9 ですか。
36. *
36です。
B：Bingo! *
当たりです。

計算練習（わり算）

A：The next question is a little difficult. *
次の問題はちょっと難しいですよ。
Are you ready? *
いいですか。
B：Okay. *
はい。
A：What is 25 divided by 3? ***
25 ÷ 3 は何ですか。
B：25 divided by 3? ***
25 ÷ 3 ですか。
Uh, let's see. *
うーん，ええと。
The answer is 8, with a remainder of 1. ***
その答えは，8 とあまり 1 です。
A：Bingo! *
当たりです。

2-23 買い物をする

いくつお求めですか

A：Hi, can I help you? *
いらっしゃい。何をお求めですか。

B：Yes, I want some oranges. *
ええ，オレンジをください。

A：Okay. *
承知しました。
We have fresh and juicy oranges. *
新鮮で，おいしいオレンジがありますよ。
How many do you want? *
おいくつお求めですか。

B：Five. *
5つください。

おいくらですか

A：Anything else? *
他にいかがですか。

B：No, that's all, thank you. *
いいえ，それだけです。ありがとう。
How much? *
おいくらですか。

A：Five oranges. *　150 yen. *
オレンジ5つで150円です。

おまけです

A：This one is a free gift. *
　これはおまけです。

B：Oh, thank you. *
　あら，どうも。
　That's kind of you. *
　ご親切に。
　Here's 200 yen. *
　200円でお願いします。

A：Here's the change. *
　おつりをどうぞ。
　Thank you. *
　まいど，ありがとうございます。
　Come again. *
　またどうぞ。

B：I will. **
　また，来ます。

2-24 動物の鳴き声

うし

A：What sound does a cow make in English? *
　牛の鳴き声は英語で何と言いますか。

B：It makes the sound, "Moo, moo" in English. *
　英語で「ムー，ムー」と鳴きます。

ねこ

A：What sound does a cat make in English? *
　猫の鳴き声は英語で何と言いますか。

B：It says, "Meow, meow." *
　「ミヤオー，ミヤオー」と鳴きます。

キツネ

A: What sound does a fox make in English? *
キツネの鳴き声は英語で何と言いますか。

B: I don't know. *
知りません。

A: You don't know? *
知らないのですか。

In English, the fox is silent. *
英語では，鳴き声はありません。

It makes the sound "kon, kon" in Japanese. *
日本語では，「コン，コン」です。

B: Oh, how interesting! *
あら，おもしろいわね。

ブタ

A: I'll make the sound of an animal. **
私は動物の鳴き声をまねます。

I'll give a sticker to the first person to guess what animal it is. ***
もし何の動物かわかったら，最初に答えた人にシールをあげます。

Ok? *
いいですか。

Let's begin. *
それでは始めます。

Oink, oink. *
オインク，オインク。

B: A pig. *
ブタです。

A: Bingo. *
当たり。

Here's a sticker for you. *
はい，あなたにシールをあげます。

いろいろな動物の鳴き声
dog（bow wow）犬（バウワウ）
mouse（squeak）ネズミ（スクウィーク）
lion（roar）ライオン（ロアー）
horse（neigh）馬（ネイ）
sheep&lamb（baa）羊と子羊（バー）
frog（croak）カエル（クローク）
duck（quack）アヒル（クワック）
sparrow（chirp）スズメ（チャープ）
crow（caw）カラス（カア）
pig（oink）ブタ（オインク）
hen（cluck）めんどり（クラック）
rooster（cock-a-doodle-doo）おんどり（コックアドゥードルドゥ）
cuckoo（cuckoo）カッコウ（クークウ）
chick（cheep）ひな鳥（チープ）
owl（hoo-hoo）フクロウ（フーフー）
dove or pigeon（coo）ハト（クー）
turkey（gobble）七面鳥（ガボル）

2-25 体の部分の名前

体の部分の名前	
head 頭	right hand 右手
face 顔	left hand 左手
right shoulder 右の肩	right leg 右脚
left shoulder 左の肩	left leg 左脚
chest 胸	right foot 右足
stomach おなか	left foot 左足
bottom おしり	back 背中

頭と顔の部分の名前	
forehead ひたい	chin あご先
nose 鼻	hair 髪の毛
eye(s) 目	nose hair 鼻毛
ear(s) 耳	eyebrow(s) まゆ
mouth 口	eyelash(es) まつ毛
lip(s) くちびる	beard あごひげ
cheek(s) ほほ	mustache ひげ
jaw あご	whiskers ほおひげ

2-26 指示によって体を動かす

言われたとおりにしてください

A : Please listen to me carefully and do just as I say. ***
私の言うことをよく聞いて，言われたとおりにしてください。
Ready? *
いいですか。
Touch your nose, next head, chin, mouth, and forehead. *
鼻をさわって，次に頭，あご先，口，そしてひたいです。
OK. *
はい。
You did it. **
よくできました。

指示に従ってください（1）

A : Try to follow my commands. **
指示に従ってください。
Stand up and touch your right eye, and then your left ear. *
立ってください，そして右目にさわって，次に左の耳にさわってください。
All right. *
はい。
Good job. *
よくできました。

指示に従ってください（2）

A : Do as I tell you. **
指示に従ってください。
Sit down and close your eyes. *
すわって目を閉じてください。
Raise your right hand and put down your head. *
右手を挙げて，そして頭をさげて。
All right. *
はい。
Raise your head, put down your right hand, and open your eyes. *
頭をあげて，右手をさげて，そして目を開けてください。
You did a good job. **
よくできました。

サイモン セズ ゲーム（教師が『サイモン セズ』と言ったら指示に従うゲーム）(1)

A : Simon says, "Stand up." *
サイモン セズ,「立ちなさい。」
"Touch your nose." *
「あなたの鼻にさわりなさい。」
"Touch your head." *
「あなたの頭にさわりなさい。」
Good. *
よくできました。

サイモン セズ ゲーム (2)

A : Simon says, "Stand up and walk." *
サイモン セズ,「立って歩きなさい。」
Simon says, "Stop." *
サイモン セズ,「止まりなさい。」
Simon says, "Go back to your seat." *
サイモン セズ,「自分の席にもどりなさい。」
Simon says, "Sit down." *
サイモン セズ,「座りなさい。」
Excellent! *
すばらしい。

シャレード「私は幸せ」（ジェスチャーゲーム）

A : Let's play charades. *
ジェスチャーゲームをしましょう。
Everyone, stand up, and do as I say. **
みなさん，立ってください。そして私が言うとおりにしてください。
Ready? *
いいですか。
"You are happy." *
「あなたは幸せです。」
(*Students act it out.* **)
(*生徒は幸せをジェスチャーで表します。*)

A : Very good. *
とても上手です。
You are very good actors. *
大変うまく演じました。

シャレード「こわいです。」

A : Let's play charades. *
ジェスチャーゲームをしましょう。
Show me, "I'm thirsty." *
まずは，「のどがかわいてます。」
Next, "I'm tired." *
次は「つかれています。」
Finally, "I'm scared." *
最後に「こわいです。」
(*Students perform the actions.* *)
(*生徒はそれらをジェスチャーで表します。*)

A : Very good. *
とても上手です。
You are very good actors. *
大変うまく演じました。

シャレードで指示する表現

I'm happy. *　幸せです。　　　　　I'm sad. *　悲しいです。
I'm hungry. *　おなかがすいています。
I'm full. *　満腹です。　　　　　　I'm thirsty. *　のどがかわいています。
I'm hot. *　暑いです。　　　　　　I'm cold. *　寒いです。
I'm tired. *　つかれています。　　　I'm busy. *　いそがしいです。
I'm bored. *　たいくつです。　　　　I'm scared. *　こわいです。

2-27　時刻を言う

何時ですか

A：What time is it? *
　　何時ですか。
B：It's one o'clock（1：00）. *
　　1時です。
　　It's two oh five（2：05）. *（注：oh＝0）
　　2時5分です。
　　It's three-ten（3：10）. *
　　3時10分です。

起きる時間

A：What time do you get up? *
　　何時に起きますか。
B：I get up at seven o'clock（7：00）. *
　　7時に起きます。

朝食をとる時間

A：What time do you eat breakfast every day? *
　　毎日何時に朝食を食べますか。
B：I eat breakfast at about seven-twenty（7：20）. *
　　私は7時20分に朝食を食べます。

学校が始まる時間

A: What time does your school begin? *
あなたの学校は何時に始まりますか。

B: My school begins at eight-fifteen (8:15). *
私の学校は8時15分に始まります。

学校が終わる時間

A: What time is your sister's school over? *
あなたの妹の学校は何時に終わりますか。

B: It is over at three p.m. (15:00). *
それは午後3時に終わります。

夕食をとる時間

A: What time does your family usually eat dinner? *
あなたの家では普段何時に夕食を食べますか。

B: We eat dinner at about seven p.m. (19:00). *
我が家は午後7時ごろに夕食を食べます。

寝る時間

A: About what time do you go to bed every day? *
毎日何時ごろに寝ますか。

B: I go to bed at about nine or nine-thirty p.m. (21:00 or 21:30). *
私は9時から9時半ごろに寝ます。

Classroom English 2：言語活動のための表現

私の1日

I wake up at seven o'clock. *　7時に目を覚まします。
I get up at seven-ten. *　7時10分に起きます。
Then I wash my face. *　そして顔を洗います。
I eat breakfast at about seven-twenty. *　7時20分に朝食を食べます。
After that, I brush my teeth. *　その後歯をみがきます。
I leave home at about seven-forty. *　7時40分ごろに家を出ます。
I get to school at about eight. *　8時ごろに学校に着きます。
School begins at eight-fifteen. *　8時15分に学校が始まります。
We have school lunch at noon. *　12時に給食を食べます。
School is over at three p.m. *　午後3時に学校が終わります。
I come home at about three-thirty p.m. *　午後3時半ごろに家に帰ります。
I play catch or soccer with my friends. *　キャッチボールかサッカーを友達とします。
I do my homework for an hour. *　1時間宿題をします。
We eat dinner at about seven p.m. *　午後7時ごろに夕食を食べます。
I watch TV for about an hour. *　1時間ほどテレビを見ます。
I go to bed at nine or nine-thirty p.m. *　午後9時から9時半に寝ます。

2-28 遅刻

おきなさい

A: Jiro, wake up. *
ジロー，おきなさい。
It's time to get up. **
おきる時間ですよ。

B: Yes, Mom. *
はい。お母さん。
I'm sleepy. *
ねむいな。
(*In a sleepy voice*) *
(ねむい声で)
(*15 minutes later.*) *
(15分後)

A: Jiro, wake up. *
ジロー，おきなさい。
It's seven-fifteen already. *
もう，7時15分ですよ。

B: Oops, I'm late. *
しまった。遅刻だ。
I'm coming. *
行きます。

ねぼうしました

A: You're late, Jiro. *
ジロー君，遅刻ですね。

B: I'm sorry. *
ごめんなさい。
I overslept. **
ねぼうしました。
I'll try not to be late again. ***
2度と遅刻しないようにします。

A: All right. *
わかりました。
Go to your seat. *
席につきなさい。

Classroom English 2：言語活動のための表現

2-29 道をたずねる

駅へはどの道ですか

A : Excuse me. *
すみません。
Niigata Station? *
新潟駅は。
Which way is Niigata station? *
どの道ですか。

B : Go straight. *
まっすぐ行ってください。
Turn left at the second traffic light. *
2つ目の信号を左折してください。
Walk two blocks. *
2ブロック歩いてください。
You will see the station. **
駅が見えてきます。
Okay? *
わかりましたか。

A : Thank you very much. *
ありがとうございます。

B : You're welcome. *
どういたしまして。

市役所へ行きたいのですが

A : Excuse me, I want to go to the City Hall. **
すみません，市役所へ行きたいのですが。
Which bus goes there? **
どのバスに乗ればいいですか。

B : Take bus No. 2. *
2番のバスに乗ってください。
Get off at Chuo Street, and ask someone for help. **
中央通で降りて，だれかに聞いてください。
Okay? *
わかりましたか。

A : Thank you very much. *
ありがとうございます。

B : Take care. *
気を付けて。

私のいるところどこですか（ここはどこですか）

A： Excuse me. *
すみません。
Where am I on this map? *
この地図ですと，私はどこにいますか。

B： Let me see. *
そうですね。
You are here. *
あなたは，ここにいます。
Where are you going? **
どこへ行くのですか。

A： I'm going to the Takasaki Music Hall. **
高崎音楽ホールへ行くところです。

B： OK.
そうですね。
Walk this way for three blocks, then turn right and walk to the next traffic signal. **
この道を3ブロック歩いて，右折して，次の信号まで歩いてください。
The Music Hall is here on this map. *
地図ですと，音楽ホールは，ここです。
You can't miss it. **
すぐわかりますよ。

A： Thank you very much. *
ありがとうございます。

B： You're welcome. *
どういたしまして。

2-30 おなかがすいた

何か食べたいです

A：Are you hungry, Taro? *
　　タロー，おなかすいてますか。
B：Yes, I am. *
　　はい，すいてます。
　　I want something to eat. **
　　何か食べたいです。
A：Do you mind cup noodles? **
　　カップめんでもかまいませんか。
B：No, I don't. *
　　ええ，かまいません。
　　I like them. *
　　私はカップめんが好きです。

おなかすいていません

A：Are you hungry, Mami? *
　　マミ，おなかすいてますか。
B：No, I'm not. *
　　いいえ，すいていません。
　　I'm not hungry. *
　　私はおなかがすいていません。
　　I'm full. *
　　満腹です。

冷たいものが飲みたい

A：Are you thirsty, Yudai? *
ユウダイ，のどがかわいていませんか。

B：Yes, I am. *
はい，かわいています。
I want something cold. **
何か冷たいものがほしいです。

A：Here's iced tea for you, Yudai. **
ここにアイスティーがありますよ，ユウダイ。

B：Thank you. *
ありがとう。
Ah, it's very cold. *
ああ，これはとても冷たいです。

A：I'm glad to hear it. *
それは良かったです。

2-31 おなかが痛い

おなかが痛い

A：Takuya, what's the matter with you? *
タクヤ，どうしましたか。
You look pale. *
顔色が悪いね。

B：I have a pain in my stomach. **
おなかが痛いんです。

A：Do you want to go to the nurse's office? **
保健室に行きたいですか。

B：No.*
いいえ。
I'm OK. *
大丈夫です。

どこが痛いの

A：Mao, what happened to you? **
マオ，どうしたんですか。

B：I have a pain. *
痛いんです。

A：Where's the pain? *
どこが痛いの。

B：I have a pain in my stomach. **
おなかが痛いんです。

A：Go to the nurse's office. *
保健室へ行きなさい。

B：Yes, Mr. Goto. *
わかりました，ゴトウ先生。

2-32 電 話

固定電話の番号をたずねる

A：What's your phone number? *
あなたの電話番号は何番ですか。

B：It's 012-345-6789. *
012-345-6789です。

What's your number? *
あなたの番号は。

A：055-555-5555. *
055-555-5555です。

携帯電話の番号をたずねる

A：My cell phone number is 090-1234-5678. *
私の携帯電話の番号は，090-1234-5678です。

What is yours? *
あなたの番号は。

B：Mine is 080-1234-5678. *
私のは，080-1234-5678です。

A：Thank you. *
ありがとう。

固定電話での会話

A：Hello. *
　　もしもし。
　　This is Anna. *
　　アンナと申します。
　　Can I talk to Lisa, please? *
　　リサと話せますか，代わって下さい。

B：Just a moment, I will get her. **
　　ちょっと待ってください。リサにかわります。
　　Lisa, phone for you. *
　　リサ，あなたに電話ですよ。
　　It's Anna. *
　　アンナからです。

C：Hi Anna. *
　　もしもし，アンナ。
　　What's up? *
　　どうしたの。

A：I'm having a party at my house. **
　　私の家でパーティをするの。
　　7:00 p.m. this Saturday. *
　　この土曜日の夕方7時です。
　　Can you come? *
　　来れますか。

C：Sure, I'd be glad to. **
　　もちろんよ。喜んで行くわ。

A：You can bring your sister. *
　　妹もつれてきていいわよ。

C：Oh, yeah? *
　　え，本当。
　　Okay. *
　　わかったわ。
　　Thanks for asking. *
　　呼んでくれて，ありがとう。
　　See you then. *
　　さようなら。

A：See you. *
　　それじゃ。
　　Bye. *
　　さようなら。

2-33 英語で何て言うの

がんばって

A：Jun, will you help me? **
　　ジュン，手伝ってくれる。
B：What is it? *
　　何ですか。
A：English. *
　　英語です。
　　How do you say "ganbatte" in English? **
　　「がんばって」は，英語で何というの。
B：Well, it's hard. *
　　えーと，むつかしいね。
　　You can say, "Good luck," or "Go for it," or "Hang in there." **
　　「グッド ラック」とか「ゴウ フォア イット」とか「ハング イン ゼア」かな。
A：Thank you, Jun. *
　　ありがとう，ジュン。
　　You are a genius. *
　　君は天才だね。
B：Oh, come on, Takashi. **
　　やめてくれ，タカシ。

なんとかかんとか

A：What's "*nantoka-kantoka*" in English?
　　英語で「なんとかかんとか」は何ですか。
B：It's "blah-blah-blah".
　　英語で「ブラブラブラ」です。

まいったか

A: Could you help me, Aya? **
　手伝って，アヤ。
B: What is it? *
　なあに。
A: How do you say "maittaka?" in English? *
　「まいったか」って，英語でなんて言うの。
B: What? *
　え？
　Are you going to fight? **
　あなた，けんかするの。
A: No, I just want to know. **
　ううん，知っておきたいだけ。
B: "Say uncle." *
　「セイ アンクル」よ。
A: What? *
　え？
　"Say uncle?" *
　「セイ アンクル？」
　Are you sure? *
　本当ですか。
B: Yes, Kazu. *
　そうですよ，カズ。
A: Umm. *
　ふーん。
　Why *uncle*? *
　何で「オジサン。」
B: I don't know. *
　知らないわ。

Classroom English 2：言語活動のための表現

なるほど

A：Help me, Aya. *
　　手伝って，アヤ。
B：What is it? *
　　なあに。
A：English. *
　　英語です。
　　How do you say "naruhodo" in English? *
　　「なるほど」は，英語で何というの。
B：Well, it's difficult to translate. **
　　うーん，訳すのはむつかしいね。
　　You can say, "Indeed," or "Really," or "I see." *
　　「インディード」とか「リアリィ」とか「アイスィー」かな。
A：Thank you, Aya. *
　　ありがとう，アヤ。

2-34 仕事を問う

あなたの仕事は何ですか

A：What do you do? *
　　あなたの仕事は何ですか。
B：I'm a farmer. *
　　私は農夫です。
　　What do you do? *
　　あなたは何をしていますか。
A：I'm a taxi driver. *
　　私はタクシーの運転手です。

学生です

A : What does your younger brother do? *
あなたの弟さんは何をしているのですか。
B : He is a junior high school student. *
彼は，中学生です。
What does your older sister do? *
あなたのお姉さんは何をしていますか。
A : She is a piano teacher. *
彼女はピアノの先生です。

会社で働いています

A : What does your father do? *
あなたのお父さんは何をしていますか。
B : He works for Apple. *
彼は，アップルで働いています。
What about your father? *
あなたのお父さんは、どうですか。
A : He works for a manufacturing company. *
彼は，製造会社で働いています。

デパートで働いています

A : What does your mother do? *
あなたのお母さんは何をしていますか。
B : She works as a clerk in a department store. **
彼女はデパートの事務員として働いています。
How about your mother? *
あなたのお母さんは。
A : She works at a restaurant. *
彼女はレストランで働いています。

Classroom English 2：言語活動のための表現

コンビニで働いています

A：What does your uncle do? *
あなたのおじさんは何をしていますか。

B：He works part-time in a convenience store. **
彼はコンビニでパートタイムとして働いています。

A：Does he work at the convenience store next to the post office? **
郵便局のとなりのコンビニですか。

B：That's right. *
そうです。

将来の仕事は

A：What do you want to be in the future? **
将来何になりたいの。

B：I want to be an astronaut. **
宇宙飛行士になりたいです。

仕事場

cake shop ケーキ屋	hotel ホテル
convenience store コンビニ	restaurant レストラン
department store デパート	market マーケット
electric appliance shop 電器屋	office 事務所
gas company ガス会社	supermarket スーパー
gas station ガソリンスタンド	toy store おもちゃ屋

職業	
artist 芸術家	musician 音楽家
bank clerk 銀行員	nurse 看護師
barber 理容師	office worker 会社員
beautician 美容師	painter 画家
healthcare worker 医療従事者	pharmacist 薬剤師
carpenter 大工	photographer 写真家
chemist 化学者（薬剤師）	pilot パイロット
clerk 事務員	police officer 警察官
cook 料理人	mail carrier 郵便配達員
dentist 歯科医	principal 校長（社長，会長）
designer デザイナー	professor 教授
doctor 医師	reporter 報道記者（レポーター）
engineer 技師	sailor 船員
factory worker 工場労働者	salesperson 販売員
firefighter 消防士	scientist 科学者
florist 花屋	sculptor 彫刻家
government worker 政府職員（公務員）	shop keeper 店主
	taxi driver タクシー運転手
guard 守衛	teacher 教師
hairdresser 美容師	vet (veterinarian) 獣医
lawyer 法律家（弁護士）	writer 作家
merchant 商人	

2-35 誕生日

誕生日はいつですか

Mary： When is your birthday, Ann?＊
　　　アン，あなたの誕生日はいつですか。
Ann　： It's January 22nd.＊
　　　1月22日です。
　　　When is your birthday, Mary?＊
　　　メアリ，あなたの誕生日は。
Mary： December 3rd.＊
　　　12月3日です。

Classroom English 2：言語活動のための表現

誕生日にほしい物は

A ： What do you want for your birthday? *
誕生日に何がほしいですか。

B ： I want a bike. *
自転車がほしいな。
How about you? *
君はどう。

A ： I want a skiing kit. *
スキー用品一式がほしいな。

誕生日のプレゼント

A ： What did you get as your birthday present? **
誕生日のプレゼントに何をもらいましたか。

B ： My father bought me a cellphone for my birthday. **
お父さんが，携帯電話を誕生日に買ってくれました。

A ： Really? *
本当ですか。
How nice! *
いいわね。

月の名前

January 1月	July 7月
February 2月	August 8月
March 3月	September 9月
April 4月	October 10月
May 5月	November 11月
June 6月	December 12月

日の言い方

first ついたち（1日）	seventeenth じゅうしちにち（17日）
second ふつか（2日）	eighteenth じゅうはちにち（18日）
third みっか（3日）	nineteenth じゅうくにち（19日）
fourth よっか（4日）	twentieth はつか（20日）
fifth いつか（5日）	twenty-first にじゅういちにち（21日）
sixth むいか（6日）	twenty-second にじゅうににち（22日）
seventh なのか（7日）	twenty-third にじゅうさんにち（23日）
eighth ようか（8日）	twenty-fourth にじゅうよっか（24日）
ninth ここのか（9日）	twenty-fifth にじゅうごにち（25日）
tenth とうか（10日）	twenty-sixth にじゅうろくにち（26日）
eleventh じゅういちにち（11日）	twenty-seventh にじゅうしちにち（27日）
twelfth じゅうににち（12日）	twenty-eighth にじゅうはちにち（28日）
thirteenth じゅうさんにち（13日）	twenty-ninth にじゅうくにち（29日）
fourteenth じゅうよっか（14日）	thirtieth さんじゅうにち（30日）
fifteenth じゅうごにち（15日）	thirty-first さんじゅういちにち（31日）
sixteenth じゅうろくにち（16日）	

2-36 国 旗

この国旗はどこの国

A：Which country's flag is this? *
　これはどの国の国旗ですか。

B：It's France's flag. *
　フランスの国旗です。

Classroom English 2：言語活動のための表現

国旗を並べかえましょう

A：Arrange the flag cards in the order of the countries I say. ***
私の言う順序で，国旗のカードを並べかえてください。
Are you ready? *
準備はいいですか。

B：Yes. *
はい。
I'm ready. *
いいですよ。

A：Australia, Mexico, USA, Brazil, Canada, Italy, China,
オーストラリア，メキシコ，アメリカ，ブラジル，カナダ，イタリア，中国，
Yugoslavia, Denmark. *
ユーゴスラビア，デンマーク。

B：It's easy. *
簡単だ。

国を並べかえましょう

A：Arrange the names of the countries in the order of the flags I show you. ***
私が見せた国の旗の順に，国の名前を並べかえましょう。
Are you ready? *
準備はいいですか。

B：Yes. *
はい。
I'm ready. *
いいですよ。

A：The first flag is this one. *
最初の国旗はこれです。
The second one is this. *
2番目の国旗はこれです。
And the last one is this. *
最後はこれです。

B：Finished. *
終わりました。

国名（アルファベット順）

Australia オーストラリア	Mexico メキシコ
Brazil ブラジル	(the) Netherlands オランダ
Canada カナダ	Oman オマーン
China 中国	Poland ポーランド
Denmark デンマーク	Qatar カタール
Egypt エジプト	Republic of Korea 韓国
France フランス	Spain スペイン
Germany ドイツ	Thailand タイ
Honduras ホンジュラス	(the) United Kingdom イギリス
Italy イタリア	(the) USA アメリカ合衆国
Japan 日本	Vietnam ベトナム
Kenya ケニア	Zaire ザイール
Lithuania リトアニア	

2-37 アルファベットと単語

Aではじまる単語

accordion アコーディオン	apricot アンズ
alligator ワニ	asparagus アスパラガス
ant アリ	avocado アボカド
apple リンゴ	azalea アザレア

Bではじまる単語

bagpipe バグパイプ	bean マメ
banana バナナ	bee ハチ
banjo バンジョー	beetle カブトムシ
bassoon バスーン	begonia ベゴニア
bat バット	blueberry ブルーベリー
bear クマ	bulldog ブルドッグ

Classroom English 2：言語活動のための表現

Cではじまる単語

cabbage キャベツ	cello チェロ
cactus サボテン	cherry サクランボ
camel ラクダ	chestnut クリ
canary カナリア	clarinet クラリネット
carnation カーネーション	corn トウモロコシ
carrot ニンジン	cricket コオロギ
castanets カスタネット	crocodile ワニ
cat ネコ	cymbals シンバル

Dではじまる単語

daffodil ラッパズイセン	dog イヌ
daisy キク	dogwood ミズキ
dandelion タンポポ	drum ドラム
date 日付（ひづけ）	duck アヒル
deer シカ	durian ドリアン

Eではじまる単語

eagle ワシ	elephant ゾウ
egg タマゴ	elk ヘラジカ
eggplant ナス	

Fではじまる単語

fig イチジク	forget-me-not ワスレナグサ
flamingo フラミンゴ	fox キツネ
flute フルート	frog カエル

Gではじまる単語

gladiolus グラジオラス	grape ブドウ
goat ヤギ	grapefruit グレープフルーツ
goose ガチョウ	green pepper ピーマン
gorilla ゴリラ	guitar ギター

Hではじまる単語

- harmonica ハーモニカ
- hippo (hippopotamus) カバ
- horn ホルン（角）
- horse ウマ
- huckleberry ハクルベリー（ブルーベリー）
- hyacinth ヒヤシンス

Iではじまる単語

- ibis トキ
- iguana イグアナ
- ivy ツタ

Jではじまる単語

- jackal ジャッカル
- jaguar ジャガー

Kではじまる単語

- kangaroo カンガルー
- keyboard キーボード
- kiwi fruit キーウィフルーツ
- koala コアラ

Lではじまる単語

- laurel ゲッケイジュ
- lavender ラベンダー
- lemon レモン
- leopard ヒョウ
- lettuce レタス
- lilac ライラック
- lily ユリ
- lion ライオン
- lotus ハス

Mではじまる単語

- mammoth マンモス
- mandolin マンドリン
- marigold マリーゴールド
- melon メロン
- monkey サル
- morning glory アサガオ
- mouse ハツカネズミ
- mushroom キノコ

Nではじまる単語

- narcissus スイセン
- newt イモリ
- nightingale ナイチンゲール

Classroom English 2：言語活動のための表現

Oではじまる単語

oboe オーボエ	orangutan オランウータン
okra オクラ	organ オルガン
onion タマネギ	ox ウシ
orange オレンジ	

Pではじまる単語

panda パンダ	pig ブタ
peach モモ	pipe organ パイプオルガン
peanut ラッカセイ	plum プラム
pear セイヨウナシ	poppy ケシ
piano ピアノ	potato ジャガイモ
piccolo ピッコロ	primrose サクラソウ
pineapple パイナップル	

Qではじまる単語

quail ウズラ	quetzal ケツァール

Rではじまる単語

rabbit ラビット	reindeer トナカイ
raspberry ラズベリー	rhino サイ
recorder リコーダー	rose バラ

Sではじまる単語

saxophone サクソホーン	squash カボチャ
skunk スカンク	strawberry イチゴ
snake ヘビ	sunflower ヒマワリ
soybean ダイズ	sweet pea スイートピー
spinach ホウレンソウ	

Tではじまる単語

tiger トラ	tulip チューリップ
tomato トマト	turkey シチメンチョウ
triangle トライアングル	turnip カブ
tuba チューバ	turtle カメ

Uではじまる単語

unicorn ユニコーン

Vではじまる単語

viola ビオラ
violet スミレ
violin バイオリン
vulture ハゲワシ

Wではじまる単語

water lily スイレン
watermelon スイカ
whale クジラ
wisteria フジ
wolf オオカミ

Xではじまる単語

xylophone モッキン（木琴）

Yではじまる単語

yolk（黄身）
yucca ユッカ

Zではじまる単語

zebra シマウマ
zinnia ヒャクニチソウ
zither チター

2-38 家族

家族の紹介 (1)

A : Look at this picture. *
この写真を見てください。
This is my father. *
これは私の父です。
He is 45 years old. *
彼は45歳です。
He is a farmer. *
彼は農夫です。
This is my mother. *
これは私の母です。
She is 42. *
彼女は42歳です。
This is my older brother. *
これは私の兄です。
He is 15. *
彼は15歳です。
This is my younger sister. *
これは私の妹です。
She is 8. *
彼女は8歳です。
This is my dog. *
これは私の犬です。
He is 3. *
彼は3歳です。
It's your turn, Tadashi. *
今度はあなたの番ですよタダシ。

家族の紹介 (2)

B：Okay.*
　はい。
　This is my grandpa.*
　これは私の祖父です。
　He is 77.*
　彼は77歳です。
　This is my grandma.*
　これは私の祖母です。
　She is 73.*
　彼女は73歳です。
　This is my father.*
　これは私の父です。
　He is 50.*
　彼は50歳です。
　He is a bus driver.*
　彼はバスの運転手です。
　This is my mother.*
　これは私の母です。
　She is 47.*
　彼女は47歳です。
　This is my younger brother.*
　これは私の弟です。
　He is 9.*
　彼は9歳です。
　This is my cat.*
　これはうちの猫です。
　She is 5.*
　彼女は五つです。

Classroom English 3：質問の表現

［注：*の文は初級者レベル，**の文は中級者レベル，***の文は上級者レベルの表現］

3-1　いつ（When）

パーティはいつですか

A：We are going to have a party. **
　　パーティをします。

B：When? *
　　いつですか。

A：Friday afternoon. *
　　金曜の午後です。

音楽祭はいつですか

A：The music festival is coming soon. **
　　音楽祭がもうすぐですね。

B：When? *
　　いつですか。

A：It is next month. *
　　来月です。

文化祭はいつですか

A：We are going to have a cultural festival. **
　　もうすぐ文化祭です。

B：When is it? *
　　それは，いつですか。

A：It's on the third of November. *
　　それは，11月3日です。

いついただけますか

A：I am going to give you this notebook. **
　　このノートをあなたにあげましょう。

B：When will you give it to me? **
　　いついただけますか。

A：After this lesson. *
　　授業の後です。

いつ読みますか

A：I like to read newspapers. **
　　新聞を読むのが好きです。
　　It is very interesting. *
　　おもしろいですよ。
B：When do you read? *
　　いつ読むのですか。
A：I read early in the morning. *
　　私は，朝早くに読みます。

いつゲームをするの

A：We will play a game in this class. **
　　今日の授業でゲームをします。
B：When will we play it? **
　　いつするのですか。
A：At the end of the lesson. *
　　授業の終わりのころです。

3-2 どこ（Where）

どこ

A：Fire! *
　　火事だ。
B：Where? *
　　どこだ。
A：The lab on the second floor! *
　　２階の実験室だ。

Classroom English 3：質問の表現

どこにいるの

A：Well, Daiki is not here. *
　　おや，ダイキくんがいませんね。
B：Where is he? *
　　彼はどこにいるの。
C：He is in the gym. *
　　彼は体育館にいます。
A：Go and find him. *
　　行ってみてきてください。

どこにあるの

A：Everyone, write this sentence down in your notebook. *
　　皆さん，この文をノートに書いてください。
B：Where is my pencil? *
　　ぼくの鉛筆はどこにあるの？
A：It's on the floor. *
　　ゆかの上にあります。

どこに行きますか

A：It's a nice day today. *
　　今日は天気がいいですね。
　　Let's have lunch outside. *
　　外でお昼を食べましょう。
B：Where should we go? **
　　どこへ行きますか。
A：How about the park? *
　　公園はどうですか。
B：Good idea! *
　　いいですね。

どこに行っていましたか

A：Where have you been, Arisa? ***
　　アリサ，あなたはどこへ行っていたのですか。
B：I've been to Disneyland. ***
　　ディズニーランドへ行っていました。
A：That's nice. *
　　それは良かったですね。

3-3 なに／だれ（What／Who）

私は何でしょう

A： I am white.*
私は白いです。
I am cold.*
私は冷たいです。
I came from the sky.*
私は空から来ました。
I will become water soon.**
私はやがて水になります。
What am I?*
私はなんでしょう。

B： You are "snow."*
あなたは雪でしょ。

どなたですか

(*Someone knocks on the door.*)
（だれかがドアをノックします。）

A： Who is it?*
どなたですか。

B： It's me, Ken.*
ぼくだよ，ケンだよ。

次はだれが読みますか

A： I would like you to read the text, Takahiro.**
タカヒロ，教科書を読んでください。

B： Yes, Miss Saito.*
はい，サイトウ先生。

A： Thank you, Takahiro.*
ありがとう，タカヒロ。
Who will read next?**
次はだれが読みますか。
Raise your hand.*
手をあげてください。

だれが言いましたか

A : Our teacher is absent today. *
今日は先生がお休みだよ。

B : Who said so? **
だれがそんなこと言ったの。

A : Rika said so. **
リカがそう言ったよ。

だれがやったの

A : Someone broke the window! **
だれかが窓をこわしました。

B : Who did it? **
だれがやったの。

A : I don't know. *
知らないよ。

B : Okay, everyone. *
はい，みなさん。
I am asking you again, who did it? **
もう一度聞きます。だれがやりましたか。

3-4 なに（What）

なんて

A : I want to go home. *
わたし家に帰りたい。

B : What? *
なんて。

A : I want to go home! *
家に帰りたいの。
I have a headache. *
頭が痛いの。

B : OK. *
わかった。
I will call the teacher. **
先生を呼ぶね。

それは何ですか

A : I have something in this box. *
　箱の中に何かが入っています。

B : It's big. *
　大きいね。
　What is it? *
　それは何ですか。

A : Guess. *
　当ててみてください。

B : Well, it's difficult to guess. **
　えーと，むずかしいよ。
　Give me a hint, please. *
　ヒントください。

A : All right. *
　そうですね。
　It has a lot of decorations. *
　たくさんの飾りがついてる。

B : I got it. **
　わかった。
　It's a Christmas tree! *
　クリスマスツリーだ。

A : Bingo!
　当たりです。

なんて書いてあるの

A : Everyone, look at the blackboard. *
　みなさん，黒板を見てください。

B : I can't see it. *
　見えないよ。
　What does it say? *
　なんて書いてあるの。

C : It says, "What sports do you like best?" *
　「どんなスポーツが一番好きですか」と書いてあるよ。

B : I see. *
　わかった。

なんて言ったの

A : I would like you to speak in English. **
みなさん英語で話してください。

B : What did you say? **
なんて言ったのですか。

A : I said, "Speak in English, please." **
英語で話してください。

B : I understand. *
わかりました。

どういう意味ですか

A : After reading each sentence, please translate it into Japanese. ***
一文ずつ読んだ後，日本語に訳してください。

B : What do you mean? *
どういう意味ですか。

A : I mean, you read a sentence and say it's Japanese meaning. **
そうですね，文を読んで，その日本語の意味を言ってください。

B : I see. *
わかりました。

どうすればいいの

A : Class, make a group of four for the next activity. **
みなさん，次の活動にそなえて4人のグループを作りましょう。

B : Well, what should I do? **
えー，どうすればいいの。

C : Stacy, come with me. *
ステイシー，いっしょに来て。
You will be with us. **
私たちとやりましょう。

B : Oh, thank you, Moe. *
ありがとう，モエ。

Classroom English 3：質問の表現

何ページですか

A: All right. *
　よろしいですか。
　Let's begin our English lesson. *
　英語の授業をはじめましょう。
　Open your textbook to page 20. *
　教科書の20ページを開いてください。
B: What page? *
　何ページですか。
A: Page 20. *
　20ページです。

なんて言えばいいの

A: Sara, it's your turn. *
　サラ，あなたの番ですよ。
B: What should I say? **
　なんて言えばいいの。
C: Sara, this is the answer. *
　サラ，これが答えだよ。
B: Oh, thank you, Masaki. *
　あー，ありがとう，マサキ。

3-5 なぜ (Why)

なぜですか

A: You have to study hard, everyone. **
　みなさんは，一生懸命勉強しなければいけませんよ。
B: Why? *
　なぜですか。
A: Because you are going to have tests next week. **
　なぜなら，来週テストがあるからです。

なぜそんなこと言うの

A：How are you today, class? *
みなさん，ごきげんいかがですか。

B：I'm fine, thank you. *
元気です。ありがとうございます。

C：I'm not fine. *
元気ではありません。
I don't want to study English. *
英語の勉強したくないです。

B：Why do you say that, Taku? *
タク，なぜあなたはそう言うのですか。

C：Because I don't like English. *
だって，英語きらいだから。

なぜ立ってるの

A：Everyone, sit down. *
みなさん，座ってください。
Let's begin today's lesson. *
今日の授業を始めましょう。
Toshiki, why are you standing? *
トシキ，なんで立っているのですか。

B：Because I want to go to the washroom. **
トイレに行きたいからです。

A：Toshiki, you can go. *
トシキ，行ってきなさい。

3-6 どのように（How）

どのように

A：Let's make a warrior's helmet, "kabuto". *
「かぶと」を作りましょう。

B：How? *
どうやって作るの。

A：You can make it with newspapers. **
新聞紙で作ります。

どのように言ったらいいの

A : How is the weather today? *
　今日の天気はどうですか。
B : How do I say *...
　どういったらいいのかな。
　It's cloudy with occasional rain, but sometimes sunny. **
　くもり時々雨，でも時々晴れです。
A : OK.
　そうですね。
　How about, "lovely weather for ducks." **
　「あいにくの空模様」ではどうですか。
B : Hmm. *
　うーん。

英語でどう言うの

A : How do you say, *"Dou shita no"* in English? *
　英語で，「どうしたの」はどう言いますか。
B : Hmm. *
　うーん。
A : We studied it yesterday. **
　昨日勉強しましたよ。
B : Oh, "What's the matter with you?" *
　あ，"What's the matter with you?" です。
A : You are right. *
　そのとおりです。

どうやればいいの

A : Let's play Bingo. *
　ビンゴゲームをしましょう。
B : Please show us how to play it. ***
　どうやればいいか教えてください。

いくつ持ってるの

A : How many bags do you have? *
　カバンをいくつ持っているの。
B : I have two bags. *
　二つ持っています。

一週間に何回

A : How often do you play baseball? **
　週に何度野球をしますか。
B : I play five times a week. *
　週に5回やります。

どうやって知ったの

A : We will have a transfer student tomorrow. **
　明日転校生が来ます。
B : Yes, his name is Jackie Brown. *
　そう，彼はジャッキー・ブラウンだよ。
A : How do you know that? *
　どうやって知ったの。
B : He has moved into my neighborhood. ***
　うちの近所に越してきたので。

3-7 その他の表現 (Other expressions)

さっき言いました

A : I just said it a short time ago. **
　私は，さっきそのことを言いましたよ。
B : I didn't hear you. **
　聞こえませんでした。

知りません

A : Masaki, do you know where Taro's textbook is? ***
　マサキ，タローの教科書を知りませんか。
B : I don't know. *
　知りません。

おぼえていません

A: Don't you remember this sentence we studied yesterday? ***
　　昨日勉強したこの文をおぼえていませんか。
B: I don't remember. *
　　おぼえていません。

わかりました

A: Do you understand what I said? ***
　　私の言ったことわかりましたか。
B: Yes. *
　　はい。
　　I understand. *
　　わかりました。

わかりません

A: Do you understand why I said it? ***
　　私がなぜそういったかわかりますか。
B: No. *
　　いいえ。
　　I don't understand. *
　　わかりません。

次は何ですか

A: We finished this section. **
　　このセクションは終わりです。
B: What is next? *
　　次は何ですか。

がんばって

A: Good luck! *
　　がんばって（幸運を祈ります）。
B: Thank you.*
　　ありがとうございます。

Classroom English 3：質問の表現

勉強しなさい

A：I want to pass the entrance examination. **
　　入学試験に合格したいな。
B：You must study harder than ever. **
　　さらに勉強しなくちゃね。

しっかりやりなさい

A：I will have a speech in English today. **
　　今日，英語でスピーチをします。
B：Try hard. *
　　しっかりやりなさい。

最善をつくしなさい

A：We are going to have a math test tomorrow. **
　　明日数学のテストがあります。
B：Do your best. *
　　最善をつくしなさい。

努力しなさい

A：I don't want to play soccer any more. **
　　もう，サッカーするのやだな。
B：Don't give up! **
　　あきらめないで。
　　Keep trying. *
　　努力をし続けなさい。
　　Stick to it. *
　　つらぬきなさい。

元気を出しなさい

A：Our team lost the game to the Higashi Junior High School team. **
　　ぼくたちのチームは，東中のチームに敗れました。
B：Cheer up! *
　　元気を出しなさい。
　　Practice for the next game. *
　　次の試合をめざして練習しなさい。

129

落ち着きなさい

A : Earthquake! *
　地震だ。
B : What? *
　どうしたの。
A : Pull yourself together. *
　落ち着きなさい。
　Get under the desks. *
　机の下にもぐって。

英語で答えてください

A : Do you have a pet? *
　ペットをかっていますか。
B : *Inu wo katte imasu.*
　犬をかっています。
A : Please answer in English, Junko. *
　ジュンコ，英語で答えてください。
B : All right. *
　わかりました。
　I have a dog. *
　犬をかっています。

あなたは，「・・・」と言いましたね

A : You said, "I have seen a ghost." ***
　あなたは，「お化けを見たことがある」と言いましたね。
　That's foolish. *
　ばかばかしい。
B : Yes. *
　本当です。
　I really saw it. **
　わたしは本当にお化けを見たのです。
　It's true. *
　真実です。

Classroom English 3：質問の表現

それはおもしろい

A : My dream is to be an astronaut. **
　　ぼくの夢は，宇宙飛行士になることです。

B : That's interesting! *
　　それはおもしろいですね。

もう1回お願いします

A : Please write down in your notebook what I wrote on the blackboard. ***
　　黒板に書いたことをすべてノートに書いてください。

B : Once more, please. *
　　もう1回お願いします。

A : O.K. *
　　はい。
　　Write these sentences in your notebook. *
　　これらの文をノートに書いてください。

B : All right. *
　　わかりました。

今すぐですか

A : Please write the sentences in the textbook on page 11. *
　　教科書11ページの文を書いてください。

B : Right now? *
　　今すぐですか。

A : Yes.*
　　はい。

5分残っています

A : We have 5 minutes left. **
　　5分残っています。

B : I'm finished. *
　　終わりました。

C : I can't finish it. *
　　まだ終わらない。

A : All right. *
　　わかりました。
　　You have until 2 o'clock. **
　　2時までやっていいですよ。

131

Classroom English 4：授業中のさまざまな表現

[注：*の文は初級者レベル，**の文は中級者レベル，***の文は上級者レベルの表現]

4-1 学習中のさまざまな行為の中止や修正を促す

やめなさい（1）
A：Don't do that! *
   それをするのをやめてください。
B：OK. *
   わかりました。

やめなさい（2）
A：Stop that! *
   やめなさい。
B：Yes, I will. **
   はい。

静かに
A：Be quiet! *
   静かに。
B：(*to everyone*) Shhh! *
   （みんなに）シー。

話をやめてください
A：No more chatting! **
   話をやめてください。
B：All right. *
   わかりました。

おきなさい
A：Will you stop sleeping?**
   いねむりはやめなさい。
   Wake up! *
   おきなさい。
B：Hmm. *
   うーん。

132

Classroom English 4：授業中のさまざまな表現

落ち着きなさい

A : Calm down. *
　　落ち着きなさい。
B : Yes. *
　　はい。

しっかりしなさい

A : Pull yourself together. **
　　しっかりしなさい。
B : Yes. *
　　はい。

椅子にこしかけなさい

A : Sit down in your chair. *
　　自分の椅子にこしかけなさい。
B : OK. *
　　わかりました。

話をしないでください

A : No talking while I'm reading the textbook. ***
　　私がテキストを読んでいるとき，話さないでください。
B : Yes. *
　　わかりました。

活動をしていますか

A : Are you doing the activity? *
　　その活動をやっていますか。
B : Sorry, I'm not. *
　　すみません，していません。
A : You must do it now. **
　　今すぐしなさい。

133

何をしているのですか

A：What are you doing? *
　何をしているのですか。
B：Nothing. *
　べつに。
A：Well, start working!
　それでは，始めなさい。

言われたことをしていますか

A：Is that what you are supposed to be doing? ***
　それがあなた方のすべきことですか。
B：Isn't it? ***
　ちがいますか。

4-2 指示と異なる活動をやめさせ，正しい活動を促す

話しているときは，ノートに書かないでください

A：Don't write in your notebook while I am talking. ***
　わたしが話している間は，ノートに書かないでください。
　Listen to me carefully. *
　よく聞きなさい。

リピートが早すぎる

A：Don't repeat too quickly. *
　そんなに早く繰り返さないでください。
　Repeat it just after me. *
　私の言い終えた後で繰り返してください。
B：I understand. *
　わかりました。

134

Classroom English 4：授業中のさまざまな表現

何ページを見てるの

A : Wait a minute! *
　　ちょっと待ってください。
　　What page are you on? *
　　あなたは何ページを開いていますか。
B : I am on page 15. *
　　15ページを開いています。
A : Ryoma, we are on page 17 now. *
　　リョウマ，今17ページですよ。

みんなの準備ができるまで

A : Wait a minute! *
　　ちょっと待ってください。
　　Don't answer until everyone is ready. **
　　みんなの準備ができるまで答えないでください。
B : All right. *
　　わかりました。

まちがったページを読んでいます

A : Excuse me! *
　　すみません。
　　You are reading the wrong page. *
　　まちがったページを読んでいます。
　　Please read page 11. *
　　11ページを読んでください。
B : OK.
　　はい。

やめなさい

A : Don't do that. *
　　それをやめなさい。
　　Please listen to your friends. *
　　友達の話を聞きなさい。
B : All right. *
　　はい。

135

4-3 ほめる

よくやりました

A: You did a good job! **
　よくやりました。
B: Thank you. *
　ありがとうございます。

でかした

A: Well done! *
　でかした。
　Your conversation was very good. **
　あなた方の会話は，とても良かったです。
B: Thank you very much. *
　ありがとうございます。

すばらしい

A: Your test result is excellent! *
　あなたのテスト結果はすばらしいです。
B: Thank you very much. *
　ありがとうございます。

かんぺきです

A: Your reading aloud is perfect! *
　あなたの朗読はかんぺきです。
B: Thank you very much. *
　ありがどうございます。

よくやった

A: I finished the activity on time. **
　時間どおりに仕事が終わりました。
B: Nice going! *
　よくやった。

よくやりました

A：You did a great job. **
　　よくやりました。
B：I'm happy to hear that. **
　　そう言っていただけるとうれしいです。

よい発音です

A：Good pronunciation. *
　　よい発音です。
B：Thank you very much. *
　　ありがとうございます。

上手な字ですね

A：You have nice and neat writing. *
　　上手な字ですね。
B：I'm very glad to hear that. **
　　そう言っていただけるととてもうれしいです。

きれいな英語です

A：That was lovely, clear English. **
　　とてもすばらしくきれいな英語ですね。
B：Thank you very much. *
　　ありがとうございます。

4-4 順番を指示する

あなたの番です

A：It's your turn, please answer the question. *
　　あなたの番です。その問題に答えてください。
B：Yes. *
　　わかりました。

あなたの番ではありません

A：It's not your turn, it's her turn. *
あなたの番ではありません。彼女の番です。
B：Oh, sorry. *
あ，すみません。

あなたが最初です

A：You first.
あなたが最初です。
Next, Mr. Takagi. *
次にタカギくんです。
B：All right. *
わかりました。

4-5 ハプニングに対応する

授業と関係の無い内容を生徒が話したとき

A：I know that you want to talk, but now is not the right time. ***
話したいのはわかりますが，その時間ではありません。
Let's talk about it later. *
そのことは後で話しましょう。
B：OK. *
わかりました。

体調をたずねる

A：What's the matter? *
どうしましたか。
Are you not feeling well? **
気分が良くないのですか。
B：I have a fever. *
熱があります。

Classroom English 4：授業中のさまざまな表現

保健室に行きますか

A : Do you feel sick? *
　　具合が悪いのですか。
　　Do you want to go and see the school nurse? **
　　保健室の先生の所に行ってみてもらいたいですか。
B : Can I go? *
　　行ってもいいですか。
A : Yes. *
　　はい。
　　You can go. *
　　行っていいですよ。

大きな声をだしているとき

A : Oh my God! *
　　わー，大変だ。
B : Calm down, Ken. *
　　落ち着いて，ケン。
　　What's the matter? *
　　どうしたの。
A : Yuji is using my pen! *
　　ユージがぼくのペン使っている。

出席の確認

A : Is everybody here? *
　　みなさんここにいますか。
B : No, Sara is not here. *
　　いいえ，サラがいません。
A : Where is she? *
　　彼女はどこへ行きましたか。
　　Does anyone know? *
　　だれか知りませんか。

休んでいる理由は

A：Is anybody absent? *
　だれかお休みしていますか。

B：Keiko is absent. *
　ケイコが休んでいます。

A：Does anyone know why she is absent? ***
　だれか理由を知っていますか。

保健室にいる

A：Daisuke isn't here. *
　ダイスケがいないね。
　Where is he? *
　彼はどこかな。

B：He is in the school nurse's office. *
　彼は，保健室にいます。

A：What's the matter with him? *
　どうしたの。

B：He bumped into someone in the hallway. **
　彼は廊下で友達とぶつかりました。

トイレに行く

A：Ms. Tamura, I have a pain in my stomach. *
　タムラ先生，お腹が痛いです。

B：Do you want to go to the restroom? *
　トイレに行きますか。

A：Can I go？*
　行ってもいいですか。

B：Yes, you can. *
　はい，いいですよ。

Classroom English 4：授業中のさまざまな表現

4-6 教室環境を整える

暑いですね

A : It's hot today. *
　暑いですね。
　Please open the window. *
　窓を開けてください。
B : OK. *
　はい。

寒いですね

A : It's cold today. *
　寒いですね。
　Will you please switch the heater on? **
　ヒーターのスイッチを入れていただけますか。
B : All right. *
　わかりました。

外がうるさいですね

A : It's noisy outside. *
　外がうるさいですね。
B : Please shut the windows. *
　窓を閉めてください。

暗いですね

A : It's dark in this classroom. *
　この教室は，暗いですね。
B : Please turn the lights on. *
　照明をつけてください。

明るすぎますね

A : It's too bright. *
　明るすぎますね。
B : Close the curtains, and turn the lights off, please. **
　カーテンを引いて，照明を消してください。

141

黒板をきれいにしてください

A：The blackboard is not clean. *
　　黒板が汚れています。
　　Who is on duty today? *
　　日直はだれですか。
B：Kazuki is on duty today. *
　　カズキが今日の日直です。
A：Kazuki, please wipe the blackboard. *
　　カズキ，黒板をふいてください。
C：All right. *
　　わかりました。

机といすをまっすぐに

A：Please straighten your desks and chairs. *
　　机といすをまっすぐにそろえてください。
B：Sure. *
　　わかりました。

机といすを前に動かして

A：Please move your desks and chairs forward. *
　　机を前に動かしてください。
B：OK. *
　　はい。

机といすを動かして4人のグループを作って

A：Please move your desks and chairs and make groups of four. *
　　机といすを動かして4人のグループになってください。
B：All right. *
　　わかりました。

机といすを動かしてとなりと向き合って

A：Please arrange your desks and chairs, and face your neighbor. *
　　机といすを動かして，となりと向き合ってください。
B：OK. *
　　はい。

4-7 集配物のあつかい

プリントを配る

A：Pass this printed sheet out to everyone. **
このプリントをみんなに配りなさい。

B：OK. *
はい。

配るのを手伝ってもらう

A：I have some handouts for you. *
あなたたちに配るハンドアウトがあります。

Will you help me, Hanako? **
ハナコ，手伝ってくれますか。

B：All right. *
わかりました。

本を配ります

A：I will hand these books out. **
これらの本を配ります。

Please give them back at the end of class. *
授業の終わりに返してください。

So, please don't write anything on them. *
本に書き込みをしないでください。

B：Yes. *
はい。

ワークシートを集める

A：I'll now collect your worksheets. **
それではみなさんのワークシートを集めます。

Will you pass them up to the front? **
前の方に手渡してください。

B：All right. *
はい。

書類の収集

A: Turn in your papers. *
みなさんの書類を私に提出してください。

B: OK. *
わかりました。

1枚の紙

A: We will write a letter to Alice, our friend in Australia. **
オーストラリアの友達アリスに手紙を書きましょう。
I think you need some paper. **
紙が必要ですね。

B: Well, I have only one piece of paper. **
えーと，ぼくは1枚の紙しか持ってないよ。

A: OK. *
はい。
You will need more paper. **
必要ならもっとあげます。

B: Thank you. *
ありがとうございます。

テスト問題を集めてもらう

A: Will you collect the exam papers for me, Junko? **
ジュンコさん，試験問題を集めてください。

B: Sure. *
わかりました。

火曜日までに提出です

A: Hand in your homework by Tuesday. *
宿題は，火曜日までに提出してください。

B: It's really hard, isn't it? *
きつくないですか。

A: No, it's not hard. *
いいえ，きつくありません。
You can do it. *
みなさんはできます。

4-8 宿題の指示

対話文をおぼえる

A：At home, please memorize this dialogue. *
　　家でこの対話文をおぼえてきてください。

B：All right. *
　　わかりました。

練習問題を課す

A：At home, please do the exercise on page 15. *
　　家で15ページの練習問題をやってきてください。

B：Okay. *
　　わかりました。

宿題の提出は明日の朝

A：Finish this work at home and hand it in tomorrow morning. *
　　家でこの勉強を終わらせて，明日の朝提出してください。

B：Yes. *
　　はい。

単語の練習

A：I would like you to learn how to spell today's new words before the next lesson. ***
　　次の授業までに今日の新出単語をかけるようにしてきてください。

B：All of them? *
　　全部ですか。

A：All of them. *
　　全部です。

B：All right. *
　　わかりました。

毎日宿題がある

A: I'm giving you some homework, class. **
みなさんに宿題を出します。

B: Mr. Matsuda you assign us homework every day. *
マツダ先生は私たちに毎日宿題を出しますね。

A: It's for your own good. **
それはみなさん全員のためです。

4-9 生活の指導

ポケットから手を出す

A: Take your hands out of your pockets. *
ポケットから手を出しなさい。

B: Okay. *
はい。

右側を歩く

A: Keep to the right in this hallway. *
この廊下は右側通行です。

B: I see. *
わかりました。

道草しない

A: Go straight home after school. *
学校が終わったら道草しないで帰りなさい。

B: I will. *
そうします。

茶髪

A: Did you dye your hair brown? ***
髪の毛を茶色に染めましたか。

B: No, I didn't. *
いいえ，染めてません。

Classroom English 5：言語活動で使う単語や表現

5-1 果物 (fruits)

果物	
almond　アーモンド	grapefruit　グレープフルーツ
apple　リンゴ	melon　メロン
apricot　アンズ	orange　オレンジ
avocado　アボカド	papaya　パパイヤ
banana　バナナ	peach　モモ
blueberry　ブルーベリー	pear　セイヨウナシ
cherry　サクランボ	persimmon　カキ
chestnut　クリ	pineapple　パイナップル
coconut　ココナッツ	plum　プラム
fig　イチジク	strawberry　イチゴ
grape　ブドウ	watermelon　スイカ

5-2 野菜 (vegetables)

野菜

- asparagus アスパラガス
- bamboo shoot (takenoko) タケノコ
- bean sprout (moyashi) モヤシ
- broccoli ブロッコリー
- cabbage キャベツ
- cactus サボテン
- carrot ニンジン
- cauliflower カリフラワー
- Chinese cabbage (hakusai) ハクサイ
- celery セロリ
- corn トウモロコシ
- cucumber キュウリ
- daikon radish (Japanese radish) ダイコン
- eggplant ナス
- green pepper 緑の甘唐辛子 (capsicum 唐辛子)
- Japanese pumpkin カボチャ
- lettuce レタス
- lotus root (renkon) レンコン
- mushroom キノコ
- okra オクラ
- onion タマネギ (shallot エシャロット, spring onion 新タマネギ)
- pea エンドウ
- peanut ピーナツ
- pepper コショウ
- potato ジャガイモ
- soybean ダイズ
- spinach ホウレンソウ
- squash ウリ, カボチャ
- sweet potato サツマイモ
- taro (satoimo) タロイモ
- tomato トマト
- turnip (kabu) カブ
- Welsh onion (negi, Japanese leek) ネギ

5-3 動物 (animals)

動物

alligator アリゲータ	koala コアラ
ant アリ	lamb 子羊
anteater アリクイ	leopard ヒョウ
antelope レイヨウ，アンテロープ	lion ライオン
ape 類人猿	lizard トカゲ
buffalo 水牛	mammoth マンモス
bull 雄牛	mink ミンク
bulldog ブルドッグ	monkey サル
camel ラクダ	mouse ネズミ
cat ネコ	orangutan オランウータン
cheetah チーター	ox 雄牛
chimpanzee チンパンジー	panda パンダ
chipmunk シマリス	panther ヒョウ
cobra コブラ	penguin ペンギン
cow 雌牛	pig ブタ
crab カニ	polar bear シロクマ，北極グマ
crocodile クロコダイル	porpoise ネズミイルカ
deer シカ	rabbit ウサギ
dinosaur 恐竜	raccoon アライグマ
dog 犬	reindeer トナカイ
donkey ロバ	rhinoceros サイ
elephant 象	seal アシカ，アザラシ
elk ヘラジカ	skunk スカンク
fox キツネ	sloth ナマケモノ
frog カエル	snail カタツムリ
giraffe キリン	snake ヘビ
goat ヤギ	tadpole オタマジャクシ
gorilla ゴリラ	tiger トラ
hamster ハムスター	toad ヒキガエル
hare 野ウサギ	tortoise (陸上，淡水の) カメ
hawk タカ	turtle ウミガメ
hippopotamus カバ	walrus セイウチ
horse 馬	whale クジラ
iguana イグアナ	wolf オオカミ
jaguar ジャガー	zebra シマウマ
kangaroo カンガルー	

5-4 虫 (insects)

虫	
bee ミツバチ	honeybee ミツバチ
beetle 甲虫	inchworm シャクトリムシ
（カブトムシ・クワガタ・ホタルなど）	ladybird (ladybug) テントウムシ
butterfly チョウ	mantis カマキリ
cicada セミ	mosquito カ（蚊）
cockroach ゴキブリ	moth ガ（蛾）
cocoon マユ（繭）	scorpion サソリ
cricket コオロギ	silkworm カイコ
dragonfly トンボ	spider クモ
grasshopper キリギリス，イナゴ，	
バッタなどの総称	

5-5 鳥 (birds)

鳥	
canary カナリア	owl フクロウ
chicken ニワトリ	parrot オウム
crane ツル	peacock クジャク
crow カラス	pelican ペリカン
cuckoo カッコウ	pheasant キジ
dove ハト	pigeon ハト
dragon ドラゴン	quail ウズラ
duck カモ，アヒル	quetzal ケツァール
eagle ワシ	robin コマドリ
flamingo フラミンゴ	seagull カモメ
goose ガチョウ	sparrow スズメ
heron サギ	stork コウノトリ
ibis トキ	swallow ツバメ
Japanese bush warbler ウグイス	swan ハクチョウ
lark ヒバリ	turkey シチメンチョウ（七面鳥）
ostrich ダチョウ	woodpecker キツツキ

5-6 魚介類 (seafood)

魚介類	
eel ウナギ	sardine イワシ
flatfish ヒラメ，カレイ	sea horse タツノオトシゴ
flying fish トビウオ	seashell カイ（貝）
horse mackerel アジ	seaweed カイソウ
jellyfish クラゲ	shark サメ
lobster ロブスター	shrimp エビ
mackerel サバ	squid イカ
octopus タコ	starfish ヒトデ
oyster カキ	tuna マグロ
salmon サケ	sea urchin ウニ

5-7 花 (flowers)

花	
anemone アネモネ	lavender ラベンダー
aster アスター，シオン	lilac ライラック
azalea ツツジ	（米国ニューハンプシャー州の州花）
begonia ベゴニア	lily ユリ
carnation カーネーション	lotus ハス
（米国オハイオ州の州花）	marigold マリーゴールド
cherry blossom 桜の花	morning glory アサガオ
clover クローバー	narcissus スイセン
daffodil ラッパズイセン	plum セイヨウスモモ，プラム
daisy デージー，ヒナギク	poppy ケシ
dandelion タンポポ	primrose サクラソウ
forget-me-not ワスレナグサ	rose バラ（米国ニューヨーク州の州花）
（米国アラスカ州の州花）	sunflower ヒマワリ
gladiolus グラジオラス	（米国カンザス州の州花）
hyacinth ヒアシンス	sweet pea スイートピー
iris アヤメ	tulip チューリップ
ivy ツタ	violet スミレ
laurel 月桂樹	

5-8 乗り物 (transportation)

乗り物

- airplane 航空機
- airship 飛行船
- ambulance 救急車
- bicycle 自転車
- bike 自転車, オートバイ
- boat ボート
- bulldozer ブルドーザー
- bus バス
- cable car ケーブルカー
- car 自動車
- helicopter ヘリコプター
- motorbike オートバイ
- sailboat ヨット
- ship 船
- streetcar 路面電車（アメリカ）
- subway 地下鉄
- tractor トラクター
- train 電車
- tram 路面電車（イギリス）
- trolley 市街電車
- truck トラック
- tugboat タグボート
- wagon 自動車のバン

5-9 楽器 (musical instruments)

楽器	
accordion アコーディオン	lyre リラ，ライアー（竪琴）
bass バス，ベース	mandolin マンドリン
bassoon バスーン，ファゴット	oboe オーボエ
cello チェロ	organ オルガン
clarinet クラリネット	piano ピアノ
cymbals シンバル	piccolo ピッコロ
drum ドラム	pipe organ パイプオルガン
fife 横笛	recorder リコーダー
flute フルート	saxophone サクソフォン
French horn フレンチホルン	three-stringed Japanese banjo (*shamisen*) 三味線
guitar ギター	
harmonica ハーモニカ	tuba チューバ
horn ホルン	violin バイオリン
Japanese bamboo flute (*shakuhachi*) 尺八	viola ヴィオラ
	xylophone シロホン（木琴）
Japanese harp (*koto*) 琴	zither ツィター，チター
keyboard キーボード	

5-10 身体 (body)

身体

ankle 足首	head 頭
arm 腕	heart 心臓
back 背中	instep 足の甲
body 身体, 胴体	jaw あご
breast 胸	knee ひざ（がしら）
brow まゆ毛, 額	lap ひざ
calf ふくらはぎ	leg 脚（あし）
cheek ほお	lip くちびる
chin 下あご	lung 肺
ear 耳	mouth 口
ear lobe 耳たぶ	nail 爪
eye 目	neck 首
eyebrows まゆ（毛）	nose 鼻
eyelashes まつげ	nostril 鼻孔, 鼻の穴
eyelid まぶた	palm 手のひら
face 顔	shoulder 肩
finger 指	stomach 胃
index finger 人さし指,	thigh もも
middle finger 中指,	throat のど
ring finger 薬指,	thumb 親指
little finger 小指)	toe つま先
foot (feet) 足	tongue 舌
forehead 額	tooth (teeth) 歯
hair 髪の毛	wrist 手首
hand 手	

5-11 木 (trees)

木	
apple tree リンゴの木	maple カエデ, モミジ
birch 樺の木, カバノキ	oak オーク
cedar ヒマラヤスギ, シーダー	peach tree 桃の木
cherry tree 桜の木	pear tree 梨の木
fir tree モミの木	pine tree 松の木
holly ヒイラギ, モチノキ	willow 柳

5-12 家・家具 (house, furniture)

家・家具

- armchair ひじかけいす
- bathroom トイレ，浴室
- bathtub 浴槽（よくそう）
- bed ベッド
- bookcase 本箱
- bookshelf 本棚
- cabinet 戸棚
- ceiling 天井
- chair いす
- closet 収納室，タンス
- coin コイン，硬貨
- cot 小屋，折りたたみ式ベッド
- cupboard 食器棚
- curtain カーテン
- desk 机
- dining room ダイニングルーム，食堂
- door ドア
- doorbell 玄関の呼び鈴
- doorknob ドアの取っ手
- faucet じゃぐち
- fence フェンス
- fire escape 非常階段
- fireplace だんろ
- floor 床
- fluorescent light けいこうとう
- hall 廊下
- heater 暖房機，ヒーター
- kitchen 台所
- knocker ドアノッカー
- ladder はしご
- lamp ランプ，照明器具
- light 明かり
- living room 居間
- mirror 鏡
- pillar 柱
- refrigerator れいぞうこ
- rocking chair ロッキングチェア
- roof 屋根
- sink 台所の流し
- sofa 長椅子
- staircase （壁や手すりを含む）階段
- stairs 階段（stairは階段の段）
- storeroom 保管室
- table テーブル
- table lamp 電気スタンド
- toilet トイレ
- window 窓

5-13 公園・公共の施設 (park, public facilities)

公園・公共の施設

airport 空港	moat 堀
amusement park 遊園地	monument 記念碑
aquarium 水族館	mosque イスラム教寺院
art museum 美術館	movie theater 映画館
ballpark 野球場	museum 博物館，美術館
botanical garden 植物園	natural history museum 自然博物館
bridge 橋	nursery school 保育所
castle 城	observatory 観測所
church 教会	overpass 陸橋，高架橋
city hall 市役所	pagoda 仏塔（ぶっとう），パゴダ
college 大学	park 公園
concert hall 音楽堂	plaza 広場
courthouse 裁判所	police station 警察署
department store デパート	prison 刑務所
elementary school 小学校	roller coaster ジェットコースター
fire station 消防署	seaport 港
harbor 港	shrine 神社
high school 高等学校	stadium 競技場
hospital 病院	station 駅
hot spring 温泉	temple 寺院
kindergarten 幼稚園	theater 劇場
library 図書館	tower 塔
lighthouse 灯台	university 大学
mansion 大邸宅	zoo 動物園
market 市場	

5-14 自然 (nature)

自然	
beach 海辺	rice field 田
forest 森林	river 川
hill 丘	sea 海
lagoon 沼	shore 岸
lake 湖	slope 坂
mountain 山	spring 泉
ocean 大洋	stream 小川
pasture 牧草地	valley 谷
pond 池	volcano 火山

5-15 スポーツ（sports）

スポーツ

archery アーチェリー	javelin やり投げ競技用のやり，やり投げ
athletics 陸上競技，運動競技	javelin throw やり投げ
baseball 野球	*judo* 柔道
basketball バスケットボール	*karate* 空手
bowling ボーリング	*kendo* 剣道
boxing ボクシング	kickboxing キックボクシング
bungee jumping バンジージャンプ	relay リレー競技
darts ダーツ	roller skate ローラースケート靴
diving 飛び込み（ダイビング）	roller skating ローラースケート
(exercising on a) horizontal bar 鉄棒（で運動する）	skate スケート靴
	skating スケート
fencing フェンシング	ski スキー板
football アメリカンフットボール，サッカー	skiing スキー
	skydiving スカイダイビング
golf ゴルフ	sled そり
gymnastics 体操	sledding そり滑り
handball ハンドボール	sleigh そり
hang glider ハンググライダー（で飛行する人）	soccer サッカー
	tennis テニス
hockey アイスホッケー（アメリカ），フィールドホッケー（イギリス）	track and field 陸上競技
	trampoline トランポリン
hurdle 障害物，ハードル	vaulting horse 跳馬
(the) hurdles 障害物競争	volleyball バレーボール
ice hockey アイスホッケー	waterskiing 水上スキー
ice skate アイススケート靴（のエッジ）	weightlifting 重量挙げ
	wrestling レスリング
ice skating アイススケート	

5-16 趣味 (hobbies)

趣味	
aerobics エアロビクス	mountain climbing 登山
bouldering ボルダリング	movie 映画
camping キャンプ	patchwork (quilting) パッチワーク
computer game コンピューターゲーム	picnic ピクニック
	pottery 陶芸
flower arrangement フラワーアレンジメント（華道・生け花）	puppetry 操り人形制作（puppet 操り人形）
	rock-climbing ロッククライミング, 岩登り
gardening 庭造り	
(a game of) go 碁	shogi 将棋
jogging ジョギング	swimming 水泳
knitting 編み物	video game ビデオ（テレビ）ゲーム

5-17 科目など (subjects)

科目など	
arts and crafts 工芸	Japanese calligraphy 書道
break 休憩時間	lunch time 昼食の時間
classroom activities 学級活動	mathematics (math) 数学
drama 演劇	moral education 道徳
elective subjects 選択教科	music 音楽
English 英語	period for integrated study 総合的な学習の時間
extra-curricular activities 課外活動	
fine arts 美術	recess 休けい時間
health and physical education (PE) 保健体育	school assembly 全校集会
	science 理科
industrial arts and home economics (homemaking) 技術・家庭	social studies 社会
	special activities 特別活動
Japanese 国語, 日本語	subjects 科目

5-18 学校行事 (school events)

学校行事

choral competition 合唱コンクール	outing 遠足
chorus contest 合唱コンクール	school events 学校行事
closing ceremony 閉会式	school festival 学園祭
cultural festival 文化祭	school trip 修学旅行
entrance ceremony 入学式	sports day 体育祭
field day 運動会	spring vacation 春休み
field trip 遠足，校外見学	summer vacation 夏休み
fire drill ひなん訓練	winter holidays 冬休み（イギリス）
graduation ceremony 卒業式	winter vacation 冬季休暇（アメリカ）
opening ceremony 始業式	

5-19 校舎 (school building)

校舎

announcement room アナウンス室	music room 音楽室
audiovisual room 視聴覚室	playground, schoolyard 遊び場
broadcasting room 放送室	principal's office 校長室
computer room コンピューター室	school gate 校門
gym 体育館	school ground 校庭
laboratory 実験室	school nurse's office 保健室
locker room ロッカー室	swimming pool 水泳プール
multipurpose hall 多目的ホール	teachers' room 教務室
multipurpose room 多目的教室	

5-20 職業 (occupations, jobs)

職業

- accountant 会計士
- actor 俳優（はいゆう）
- actress 女優
- airplane pilot (aviator) 航空機パイロット
- anchor アンカー
- (radio, TV) announcer （ラジオ，テレビ番組の）アナウンサー
- architect 建築家
- artist 芸術家
- astronaut 宇宙飛行士
- athlete スポーツ選手
- ballerina バレリーナ
- ballet dancer バレエダンサー
- bank clerk 銀行員
- barber 理髪師，理容師
- baseball player 野球選手
- beautician 美容師
- boxer ボクサー
- bus driver バス運転手
- businessman (business person) 実業家
- calligrapher 書道家
- camera crew カメラ班（撮影班）
- cameraman (camera operator) カメラマン
- caregiver 介護士，介護人
- care manager ケアマネージャー
- care worker 介護福祉士
- carpenter 大工
- cartoonist 漫画家
- chemist 化学者
- clerk 事務員
- comedian コメディアン（お笑い芸人）
- composer 作曲家
- computer programmer コンピュータープログラマー
- conductor 車しょう
- cook 料理人
- craftsman 男性の職人
- craftsperson 職人
- dancer ダンサー
- dentist 歯科医
- designer デザイナー
- doctor 医者，医師
- doorkeeper ドアキーパー（門衛）
- doorman ドアマン
- engineer エンジニア
- factory worker 工場労働者
- farmer 農業従事者
- fashion model ファション・モデル
- fireman (firefighter) 消防士
- flight attendant 客室乗務員
- florist 花屋の経営者（従業員）
- folk singer フォーク歌手
- golfer ゴルファー
- (professional) go player いごのきし
- government worker 公務員
- guard しゅえい
- hairdresser 美容師
- illustrator イラストレーター
- interpreter 通訳者
- lawyer 弁護士
- magician てじな師
- merchant 商人
- meteorologist 気象学者
- movie actor 映画俳優

Classroom English 5：言語活動で使う単語や表現

movie director 映画監督
musician 音楽家
newscaster ニュースキャスター
novelist 小説家
nurse 看護師
office clerk (office worker) 事務員
painter 画家
photographer 写真家
physician 医者, 医師
physicist 物理学者
pianist ピアニスト
pilot パイロット
playwright 脚本家（きゃくほんか）
policeman (police officer) 警察官
politician 政治家
postman (mail carrier) 郵便配達員
potter 陶器職人（とうきしょくにん）
president 会長, 社長
principal 校長
professor 教授
programmer プログラマー
receptionist 受付係
repairperson 修理工
reporter 記者, レポーター
sailor 船員
sales clerk 店員, 販売係
salesman (salesperson) セールスマン
scholar 学者

scientist 科学者
sculptor 彫刻家
secretary 秘書
(professional) shogi player 棋士（きし）
shopkeeper (storekeeper) 小売店主
singer 歌手
skater スケート選手
soccer player サッカー選手
songwriter 作詞（作曲）家
stationmaster 駅長
surgeon 外科医
taxi driver タクシー運転手
teacher 先生
tennis player テニス選手
trainer トレーナー
TV star テレビスター
YouTuber ユーチューバー
veterinarian 獣医
video game designer
　　ビデオ（テレビ）ゲーム制作者
waiter ウエーター
waitress ウエートレス
weatherman
　(weather forecaster, weatherperson)
　　　　　　　　　　　気象予報士
wrestler レスラー
writer 作家

5-21 学用品 (school supplies)

学用品

ballpoint pen ボールペン	notebook ノート
calculator 電卓	notepad メモ帳
chair 椅子	paper clip 書類止めクリップ
compass 製図用コンパス	pen ペン
crayon クレヨン	pencil 鉛筆
desk 机	pencil case (box) 筆箱
dictionary 辞書	pencil sharpener 鉛筆削り
double-sided tape 両面テープ	protractor 分度器
electronic dictionary 電子辞書	ruler 定規
eraser 消しゴム	scissors はさみ
felt-tip marker サインペン	textbook 教科書
globe 地球儀	thumbtack 画鋲
glue 接着剤（のり）	triangle (set square) 三角定規
highlighter 蛍光ペン	watch 腕時計
magnifying glass 虫眼鏡	whiteout 修正液
mechanical pencil シャーペン	writing paper びんせん
mirror 鏡	

Classroom English 5：言語活動で使う単語や表現

5-22 日用品 (daily necessities)

日用品

air conditioner　エアコン
alarm clock　目覚まし時計
blender　ミキサー
broom　ほうき
brush　ブラシ
calculator　電卓
CD　コンパクトディスク
cell phone　携帯電話
chopping board
　　　　（cutting board）まな板
chopsticks　箸
clock　掛け時計（置き時計）
comb　くし
computer　コンピュータ
corkscrew　コルクせんぬき
cup　カップ
dish　皿
dishwasher　食器洗い機
drill　ドリル
duster　雑巾
DVD　ディーブイディー
　　　　（デジタル多用途ディスク）
electric fan　扇風機
electric range　電気オーブン
fluorescent light　けいこうとう
fork　フォーク
garbage can　ごみ入れ
gas range　ガスレンジ
gas stove　ガスストーブ
hammer　ハンマー，金づち
hanger　ハンガー，洋服掛け
hard hat　保護用ヘルメット，保安帽
heater　暖房機
jar　びん
kerosene stove　石油ストーブ
kettle　やかん
key　かぎ
key ring（key chain）キーホルダー
knife　ナイフ
ladle　ひしゃく

lens　レンズ
lunch box　弁当箱
magnet　じしゃく
megaphone　メガホン
microwave（oven）電子レンジ
mirror　鏡
mop　モップ
mug　マグカップ
opener　オープナー
　（bottle opener　せんぬき，
　　can opener　かんきり）
parasol　パラソル
plane　かんな
plastic bag　ビニール袋
plastic bottle　ペットボトル
plate　さら
refrigerator（fridge）
　　　　　　　冷蔵庫（れいぞうこ）
saucer　受け皿
saw　のこぎり
scissors　はさみ
screwdriver　ねじ回し
shampoo　シャンプー
soap　せっけん
sofa　ソファ
spoon　スプーン
thermometer　温度計
tissue　ティッシュペーパー
toaster　トースター
toothbrush　歯ブラシ
trash can（trash box）ごみ箱
TV　テレビ
umbrella　かさ
vacuum cleaner　電気掃除機
vase　かびん
vending machine　自動販売機
video　ビデオ
washing machine　洗濯機（せんたくき）
watch　腕時計

165

5-23 数 (numbers)

数

cardinal number 基数
ordinal number 序数
telephone number 電話番号
addition 足し算
1 + 2 = 3 (One and two equals three. / One plus two is three.)
subtraction 引き算
4 − 2 = 2 (Four minus two is two.)
multiplication 掛け算
2 × 5 = 10 (Two times five is ten. / Two multiplied by five is ten.)
3 × 2 = 6 (Three multiplied by two is six.)
3 × 4 = 12 (Three times four is twelve. / Three multiplied by four is twelve.)
division 割り算
10 ÷ 5 = 2 (Ten divided by five is two. / Five into ten is two.)
How many times does 5 go into 10?
10 ÷ 3 = 3 余り1 (10 divided by 3 is 3, with a remainder of 1.)
fraction 分数
1/3 + 1/2 = 5/6 (One third plus a half is five sixths.)
multiplication table 九九

Two ones is two.	にいちがに。
Two twos is four.	ににんがし。
Two fours is eight.	にしがはち。
Nine nines is eighty-one.	くくはちじゅういち。

5-24 部活動（スポーツ系クラブ）(club activities (sports-oriented clubs))

スポーツ系クラブ

athletics 陸上競技（イギリス）	skating スケート
badminton バドミントン	skiing スキー
basketball バスケットボール	soccer サッカー
boxing ボクシング	softball ソフトボール
dancing ダンス	soft tennis ソフトテニス
fencing フェンシング	swimming 水泳
football フットボール（アメリカ）	tennis テニス
サッカー（イギリス）	track 陸上競技（アメリカ）
judo 柔道	track and field 陸上競技（アメリカ）
kendo 剣道	volleyball バレーボール
ping-pong (table tennis) 卓球	

5-25 部活動（文化系クラブ）(club activities (liberal-arts-oriented clubs))

文化系クラブ

astronomy club 天文クラブ	*go* club 碁クラブ
brass band club 吹奏楽部	handicrafts club 手工芸クラブ
broadcasting club 放送部	library club 図書館クラブ
calligraphy club 書道部	music club 音楽クラブ
chorus club 合唱部	photography club 写真クラブ
computer club コンピューター部	school newspaper club 新聞部
drama club 演劇部	science club 科学クラブ
English club 英語部	*shogi* club 将棋部
flower arrangement club 華道部	tea ceremony club 茶道部
glee club グリークラブ	(student council 生徒会)
（合唱部，男性から成る合唱部）	

5-26 食べ物 (food)

食べ物

beef 牛肉	hot dog ホットドッグ
bread パン	jelly ゼリー
broiled fish 焼き魚	lamb 子羊の肉
cereal シリアル	macaroni salad マカロニサラダ
cheese チーズ	meat 食肉
cheeseburger チーズバーガー	mutton ヒツジの肉
chicken 鶏肉	noodle めん類
cornflakes コーンフレーク	nut 木の実
cup noodles カップヌードル（登録商標）	omelet オムレツ
	pancake パンケーキ
curry and rice カレーライス	pizza ピザ
doughnut ドーナツ	pork 豚肉
duck カモ肉	potato chips ポテトチップ
egg 卵	rice ご飯
(boiled egg ゆで卵, fried egg 目玉焼き, scrambled eggs スクランブルエッグ)	salad サラダ
	sandwich サンドイッチ
	soup スープ
fish 魚肉	spaghetti スパゲティ
french fries フライドポテト	starch でんぷん
fried chicken フライドチキン	stewed beef ビーフシチュー
grilled meat 焼肉	toast トースト
ground meat ひき肉	turkey 七面鳥
ham ハム	venison 鹿肉
hamburger ハンバーグ（ハンバーガー）	

5-27 菓 子 (confectionery)

菓子

cake ケーキ	doughnut ドーナッツ
candy キャンディ	ice cream アイスクリーム
chewing gum チューインガム	nuts 木の実
chocolate チョコレート	pie パイ
cookies クッキー	popcorn ポップコーン
cotton candy わた菓子	potato chips ポテトチップ
cracker クラッカー	pudding プリン（プディング菓子）
cream puff シュークリーム	rice cakes もち
custard pudding （creme caramel） カスタードプディング	rice crackers せんべい
	shaved ice かき氷
decorated cake デコレーションケーキ	yogurt ヨーグルト

5-28 飲み物 (beverages)

飲み物

black tea 紅茶	lemonade レモネード
cocoa ココア	milk 牛乳
coffee コーヒー	soft drink 清涼飲料，ソフトドリンク
cola コーラ	tea お茶
green tea 緑茶	water 水
juice ジュース （apple juice リンゴジュース, orange juice オレンジジュース, grape juice グレープジュース）	

5-29 衣服 (clothes)

衣服

belt ベルト	scarf マフラー, スカーフ
cap 野球帽, 縁なし帽子	shawl ショール
cardigan カーディガン	shirt シャツ
clothes 衣服	skirt スカート
coat コート	socks 靴下
dress ドレス	stockings ストッキング
gloves 手袋	suit スーツ
haori coat はおり	(two-piece suit ツーピースのスーツ)
happi coat はっぴ	sweater セーター
hat 縁のある帽子	swimsuit (ワンピースの) 水着
jacket ジャケット	tie ネクタイ
man's divided skirt 袴	trousers ズボン
kilt キルト	underpants 下着のパンツ
kimono 着物	underwear 下着
obi 帯 (sash サッシュ)	uniform 制服
overalls オーバーオール	vest ベスト
(jumpsuit ジャンプスーツ)	waistcoat 男性用チョッキ
pants ズボン	yukata (informal cotton kimono) 浴衣
pantyhose パンティストッキング	

5-30 おもちゃ (toys) などを使った遊び (play)

おもちゃなどを使った遊び

arm-wrestle　うで相撲をする
cat's cradle　あやとり
climb a tree　木に登る
do a jigsaw puzzle　ジグソーパズルをする
do (solve) the crossword puzzle　クロスワードパズルを解く
draw a picture　絵を描く
fly a kite　たこをあげる
juggle　ジャグリングをする (with plates 皿で)
jump rope　なわとびをする
manipulate a marionette　操り人形を動かす
play cards　トランプをする
play hide and seek　かくれんぼをする
play hopscotch　石けりをする
play house　ままごと遊びをする
play on a swing　ブランコで遊ぶ
play ring toss　わ投げ遊びをする
play tag　鬼ごっこをする
play rock-paper-scissors　じゃんけんをする
(decide by rock-paper-scissors　じゃんけんで決める)
play with a puppet　指人形で遊ぶ
play with a yoyo　ヨーヨーで遊ぶ
play with building blocks　積み木で遊ぶ
ride a tricycle　三輪車に乗る
spin a top　こまを回す

5-31 1日の生活 (daily life)

朝の行動

- brush my teeth 私の歯をみがく
- comb my hair 私のかみをとかす
- eat breakfast 朝食を取る
- get dressed 服を着る
- get up おきる
- go to school by bicycle (bus, train) 自転車（バス，電車）に乗って通学する
- leave for school 学校に出かける
- walk to school 歩いて通学する
- wash my face 私の顔を洗う

学校での行動

- ask the teacher a question 先生に質問する
- clean our classroom 教室を掃除する
- eat lunch 昼食を取る
- enjoy the club activities after school 放課後クラブ活動を楽しむ
- get to school 学校に着く，登校する
- go to the library to study 勉強をしに図書館へ行く
- greet my friends with cheers 友達を歓声して迎える
- listen to the teacher 先生の話を聞く
- play games with my friends during recess 休み時間に友達とゲームをする
- sit on my chair いすに座る
- study hard 熱心に勉強する
- talk with my neighbors となりの人と話す
- wait for our homeroom teacher 担任の先生を待つ

Classroom English 5：言語活動で使う単語や表現

英語の授業

Answer my question in English.　英語で質問に答えなさい。
Any volunteers?　やってくれる人誰かいませんか。
Guess what this is.　これが何か言い当ててみて。
Let's begin today's lesson.　今日の授業を始めましょう。
Let's chant.　歌いましょう。
Let's play charades.　ジェスチャーゲームをしましょう。
Let's sing the ABC song.　ABCの歌を歌いましょう。
Listen to me.　私の言うことを聞いてください。
Listen to me and act it out.　私の話を聞いて言われた通りに演じてください。
Look at the blackboard.　黒板を見てください。
Open your book to page 9.　教科書9ページを開いてください。
Raise your hand.　手を挙げなさい。
Repeat after the CD.　CDの後について言ってください。
Respond with an action.　次の行動をしてください。
Sit down.　着席してください。
Stand up.　起立してください。
Tell me what this is (what I'm doing).
　　これが何か（私がやっていること）を言ってください。
Who wants to try?　やってみたい人は。

夕方の行動

do my homework　私の宿題をする
eat dinner　夕食を食べる
get home　帰宅する
go to bed　寝る
help my father (mother)　父（母）の手伝いをする
listen to music　音楽を聴く
play the guitar　ギターを弾く
take a bath (shower)　風呂に入る（シャワーを浴びる）
take the dog for a walk　犬を散歩させる
talk on the phone　電話で話す
watch TV　テレビを見る
wear pajamas　パジャマを着る
write (keep) a diary　日記を書く（日記をつける）

5-32 和製英語 (Japanese-English words)

トレーナー

A：What's "*torena*" in English?
　　英語で「トレーナー」は何ですか。
B：It's "a sweatshirt".
　　スウェットシャツです。

和製英語 ア〜オ

　　アイスキャンディー　popsicle（アメリカ），ice lolly（イギリス）
　　アフターサービス　service, after-sales service
　　アルバイト　part-time job, side job
　　夏休みのアルバイトをする　work a summer job
　　イージーオーダーのスーツ　made-to-measure suit, semi-order-made suit
　　エアコン　air conditioner
　　エアコンの効いた部屋　air-conditioned room
　　Sサイズ　small size
　　Mサイズ　medium size
　　Lサイズ　large size
　　XLサイズ　extra large size
　　オーダーメード　made-to-order, tailor-made
　　オーダーメードスーツ　a custom-made suit
　　オートバイ　motorcycle, bike
　　オフィスレディー　female office worker
　　オープンカー　convertible

Classroom English 5：言語活動で使う単語や表現

和製英語 カ～コ

- ガスレンジ　gas stove, gas range, gas cooker
- ガソリンスタンド　gas station（アメリカ）, petrol station（イギリス）
- ガムテープ　packing tape
- カンニングペーパー　crib sheet, cheat sheet
- キャッシュカード　cash card, bank card, ATM card
- キャッチボールをする　play catch
- クーラー　air conditioner
- コインランドリー　coin-operated laundry, Laundromat（アメリカ）
- コップ　glass
- ゴールイン　reach, finish, cross the goal line
- ゴールデンタイム　prime time
- ゴールデンウイーク　consecutive holidays, a collection of public holidays
  （連休　holiday-studded week）
- コンセント　electric outlet, outlet（アメリカ）, socket（イギリス）,
  power point（イギリス）

和製英語 サ～ソ

- サイン帳　autograph album, autograph book
- サインペン　marker, felt-tip pen
- サービス　service,　無料で　no charge, at no charge, free of charge
- サラリーマン　corporate employee
- シェイプアップ　shape-up
- シェイプアップする　get into better shape, keep in shape
- ジェスチャーゲームをする　play charades
- ジェットコースター　roller coaster
- ジーパン　jeans
- シャープペンシル　mechanical pencil（アメリカ）
  automatic pencil（イギリス）
- ジャンパー　jacket
- ジャンパースカート　jumper
- シュークリーム　cream puff
- シルバーシート　seats for the elderly and disabled, priority seat
- スキンシップ　physical contact
- スタイル　figure,　スタイルが良い　have a good figure
- ストーブ　heater
- セレブ　celebrity
- セロテープ　Scotch tape（アメリカ）, Sellotape（イギリス）
- ソフトクリーム　soft-serve ice cream

和製英語 タ〜ト

ダンプカー dump truck, dumper truck
チアガール cheerleader
チャームポイント charming feature, most attractive feature
チャレンジ challenge（英語学習に挑戦します。I'll try to learn English.）
デコレーションケーキ decorated cake
デッドボール hit by a pitch
デッドボールを受ける be hit by a pitch
テレビゲーム video game
テレビタレント TV talent, TV star, TV personality
テーブルスピーチ after-dinner speech, speech at a party
テーブルマナー table manners
電子レンジ microwave oven, microwave
トイレ restroom, men's room, women's room, powder room, lavatory, bathroom
トップクラス top class
トップクラスの one of the best
トップニュース lead story, headlines
トップバッター lead-off batter
トレーナー sweat shirt
トレパン sweat pants, tracksuit trousers

和製英語 ナ〜ノ

ナイター night game（野球）
ノート notebook

和製英語 ハ〜ホ

バイキング　all-you-can-eat buffet
バイキング形式の朝食　buffet-style breakfast
バイク　motorcycle
ハイヒール　high heels, heels
ハイヒール靴　high-heeled shoes
バーゲンセール　sale
バージンロード　aisle where a bride walks
パソコン　personal computer
バックミラー　rearview mirror, driver's mirror（アメリカ）
　　　　　　driving mirror, windscreen mirror（イギリス）
パラサイトシングル
　　　　parasite single,
　　　　a young unmarried adult living with his or her parents
ハンドル　handle
自動車のハンドル　steering wheel
自転車などのハンドル　handlebar
ヒット・エンド・ラン　hit-and-run（野球）
ビニール袋　plastic bag
ファスナー　zipper
フェミニスト　feminist
フォアボール　ball four, base on balls（野球）
フォアボールを与える　give someone a walk
ブックカバー　book cover
プッシュホン　push-button phone, keyphone（イギリス）
　　　　　　touch-tone phone（アメリカ）
フルベース　bases loaded
ブロックサイン　signal, sign, blocking signal（野球）
フロントガラス　windshield（アメリカ），windscreen（イギリス）
ペアルックのカップル　a couple in matching outfits
ペットボトル　plastic bottle
ヘルメット　helmet, hard hat
ボーイフレンド　boyfriend
ボールペン　ball-point pen
ホッチキス　stapler

和製英語 マ〜モ

マジックペン　felt pen, magic marker
マニア　fanatic
マンツーマン　one‑on‑one
マンツーマン（で）　on a one‑to‑one basis
ミキサー　blender
ミシン　sewing machine

和製英語 ラ〜ロ

リストラ　restructuring, downsizing
　　　　　（He was fired because of the recession.（彼は不況でくびになった））
リピーター　regular customers, repeat customers
リフォームする　remodel, renovate, make over
リベンジ　revenge
リモコン　remote controller
レモンティー　tea with lemon

和製英語 ワ〜ン

ワイシャツ　dress shirt
ワープロ　word processor

索　引　1：日本語の語句

【あ】

あいさつ	9, 50, 51, 52, 53, 55
アイスキャンディ	174
アイスクリーム	68, 169
アイスティー	98
朝	9, 118, 145
朝の行動	172
明日	51, 127, 129, 145
遊び	52, 79, 161, 171
頭	87, 88, 89, 121, 154
当たり	58, 83, 86, 122
暑い	68, 141
集める	143
後について	15, 21, 22, 32, 33, 39, 173
兄	56, 115
アニメ	48
（油で）あげる	72
アボカド	110, 147
雨	11, 126
ありがとう	9, 10, 26, 27, 28, 41, 42, 43, 50, 60, 68, 70, 72, 73, 74, 75, 84, 85, 95, 96, 98, 99, 100, 101, 103, 120, 123, 124, 125, 128, 136, 137, 144
歩く	67, 146

【い】

家	67, 92, 93, 100, 121, 145
行きます	62, 94, 119, 139, 140
いくつ	43, 75, 84, 126
いくら	60, 70, 84
生け花	160
以上です	51, 70
椅子	133, 156, 164
いそがしい	91
痛い	98, 99, 121, 140
いつ	106, 117, 118
いつか	62
一生懸命	124
一緒に	15, 21, 62
犬，イヌ	62, 64, 75, 87, 111, 115, 130, 149, 173
いねむり	132
衣服	170
今すぐ	131, 133
意味	18, 19, 20, 123
妹	56, 92, 100, 115
色	59, 60, 61, 73, 75, 146
色をぬる	59
言われたとおり	88
インタビューの相手	36

【う】

うーん	83, 103, 126, 132
動かす	88, 171
牛	85, 149
歌	47, 48, 162, 163, 173
宇宙飛行士	105, 131, 162
腕時計	164, 165
促す	25, 26, 27, 31, 32, 33, 34, 35, 36, 37, 38, 39, 45, 46, 132, 134
うるさい	141
運転手	103, 106, 116, 162, 163
運動会	79, 161

【え】

絵	171
エアコン	165, 174

英語	12, 19, 25, 31, 74, 77, 79, 81, 85, 86, 101, 102, 103, 123, 124, 125, 126, 129, 130, 137, 160, 167, 173, 174, 175, 176, 177, 178
駅	95, 157, 163
えーと	29, 75, 101, 122, 144
え，本当	100
鉛筆	119

【お】

おいしい	68, 84
大きな声で	26, 40
お母さん	67, 68, 94, 104
起きる	91
おしい	28
おじさん	105
おつり	70, 85
音	41, 42, 47
お父さん	104, 107
弟	104, 116
おととい	22
おなか	68, 87, 91, 97, 98, 99
鬼ごっこ	79, 171
お姉さん	104
お願い	70, 74, 85, 131
お化け	130
おはよう	9, 53
おぼえる	145
おまけ	85
オムレツ	168
おもしろい	62, 65, 86, 118, 131
おもちゃ	105, 171
お休み	10, 121, 140
おやつ	68, 69
オレンジ	59, 61, 75, 84, 113, 147, 169
終わる	50, 92
音楽	76, 79, 96, 106, 157, 160, 161, 163, 167, 173
音楽祭	117
音楽ホール	96
温度計	165
音量	41, 42

【か】

カーテン	44, 141, 156
カード	109, 175
貝	151
介護	67, 162
会社	104, 105, 106
買い物	84
会話	14, 16, 23, 25, 32, 36, 37, 38, 39, 45, 100, 136
顔色が悪い	98
顔を洗う	172
課外活動	79, 160
科学	77, 163, 167
かき氷	169
書く	45, 173
家具	156
学園祭	79, 161
学習内容	18, 19
確認する	18, 19
学用品	164
かくれんぼ	34, 79, 171
かけ算	81, 83
飾り	122
火事	118
菓子	169
数	47, 75, 76, 80, 166
家族	67, 115, 116
楽器	153
学校	57, 78, 92, 93, 146, 157, 161, 172
学校が終わる	92
学校行事	161
学校での行動	172
学校が始まる	92

活動 ················ 12, 13, 15, 22, 23, 24, 26, 33, 45,
　　　　　　　　46, 49, 52, 65, 66, 67, 79, 123,
　　　　　　　　133, 134, 147, 160, 167, 172
カップめん ··· 97
悲しい ·· 91
かぶと ·· 125
カブトムシ ······································· 110, 150
紙 ·· 125, 144
科目 ··· 160
体の部分の名前 ·· 87
カレーライス ··· 168
かんたん ·· 82
がんばって ····································· 101, 128
かんぺき ·· 136

【き】

木 ································ 79, 155, 168, 169, 171
機器の操作 ·· 40, 41
聞く ············ 14, 33, 39, 42, 46, 54, 57, 69, 75,
　　　　　　76, 172
既習 ·· 21
気象予報士 ·· 163
キーセンテンス ···························· 13, 21, 30
帰宅する ·· 173
昨日 ·································· 12, 21, 126, 128
気分 ··· 138
基本文 ·· 21
キャッチボール ····························· 63, 93, 175
キャンディ ······································· 69, 169
牛肉 ··· 168
給食 ·· 93
今日 ················ 9, 10, 11, 13, 14, 30, 31, 36, 49,
　　　　　　50, 51, 76, 77, 118, 119, 121,
　　　　　　125, 126, 129, 142, 145, 173
教科 ··· 78, 79, 160
教科書 ········ 17, 49, 120, 124, 127, 131, 164,
　　　　　　173
行事 ·· 78, 79, 161

教室 ································ 44, 141, 161, 172
教室環境 ··· 141
教室を掃除する ···································· 172
きょうだい ·· 76
教務室 ·· 161
魚介類 ·· 151
きれいな ·· 137
近所 ··· 127
金曜日 ··· 77

【く】

具合 ··· 139
クイズ ·· 24, 58
九九 ··· 166
果物 ······································· 69, 75, 147
国の名前 ··· 109
配る ··· 143
くもり ·· 126
暗い ··· 141
くり返す ··· 40
クリスマスソング ······································ 47
クリスマスツリー ···································· 122
グループ ·································· 23, 35, 36
車 ·································· 79, 107, 152, 171, 172, 177
クレヨン ·· 164

【け】

経験 ·· 49
蛍光ペン ·· 164
計算 ·· 80, 82, 83
携帯電話 ····························· 99, 107, 165
ケーキ ······································ 105, 169, 176
今朝 ·· 9
消しゴム ··· 74, 164
ゲーム ·············· 16, 33, 34, 46, 47, 59, 61, 62, 66,
　　　　　　89, 90, 118, 126, 160, 163, 172,
　　　　　　173, 175, 176
けんか ·· 102

元気	9, 52, 125, 129
言語活動	22, 23, 24, 33, 45, 52, 147

【こ】

公園	119, 157
合格	129
交換	61
公共の施設	157
高校生	56
甲子園	63
校舎	161
校長室	161
口頭練習	32, 33, 39, 40
国語	79, 160
黒板	17, 122, 131, 142, 173
国名	110
午後	9, 51, 92, 93, 117
ここはどこ	96
答える	26
国旗	108, 109
固定電話	99, 100
コーヒー	169
コーラ	70, 169
コンセント	175
こんにちは	9, 53, 55, 75
コンビニ	105
コンピュータ	66, 160, 161, 162, 165, 167

【さ】

再会	55
最後	90, 109
最初	18, 86, 109, 138
最善	129
サウンドゲーム	47
魚	151, 168
サッカー	12, 62, 65, 76, 93, 129, 159, 163, 167
さっき	127
寒い	91, 141
サラダ	71, 168
サンドイッチ	168

【し】

字	137
シー	132
試合	129
幸せ	90, 91
四角	52, 59
時刻	91
仕事	103, 105, 136
仕事場	105
辞書	74, 164
地震	130
自然	157, 158
従う	89
下着	170
視聴	43
視聴覚室	161
しっかり	129, 133
実験室	118, 161
質問する	172
自転車	79, 107, 152, 172, 177
自動販売機	165
しなさい	35, 36, 129, 133, 146
しまった	94
事務員	104, 106, 162, 163
市役所	95, 157
ジャケット	60, 170
シャーペン	164
シャンプー	165
週	21, 22, 23, 51, 77, 124, 127
修学旅行	79, 161
シュークリーム	169, 175
ジュース	68, 169
柔道	66, 159, 167

集配物	143
重要文	21
授業	9, 13, 17, 18, 19, 50, 76, 77, 78, 117, 118, 124, 125, 132, 138, 143, 145, 173
熟語	16
宿題	66, 77, 93, 144, 145, 146, 173
宿題をする	66, 173
出身	54
出席をとる	10
趣味	12, 160
順序	109
準備	13, 14, 15, 17, 38, 39, 40, 42, 43, 45, 82, 83, 109, 135
小学生	56
将棋	12, 160, 167
上手	71, 90, 137
照明	141, 156
将来	105
ジョギング	67, 160
職業	106, 162
初対面	55
しりとり	62
シール	86
白い	120
シーン	43
新教材	30
信号	95, 96
真実	130
新出語句	13, 31
身体	154
新聞	118, 125, 167

【す】

水泳	67, 160, 161, 167
スイッチ	40, 41, 44, 141
数学	78, 129, 160
スカート	170, 175
好き	12, 61, 62, 63, 64, 65, 78, 118, 122
スキー	67, 107, 159, 167
スキット	34
スクリーン	44
すばらしい	66, 89, 136
スピーチ	129, 176
スポーツ	62, 64, 66, 122, 159, 162, 167
ズボン	170

【せ】

正解	27, 28, 82
生活	146, 172
制服	170
清涼飲料	169
セクション	128
せっけん	165
前時	17, 18, 19
先週	21, 22, 23
先生	9, 13, 14, 15, 17, 18, 21, 22, 25, 26, 32, 33, 50, 51, 99, 104, 120, 121, 139, 140, 146, 163, 172
洗濯機	165

【そ】

そうですね	96, 122, 123, 126
外	119, 141
そのとおり	26, 126
祖父	116
空	120, 126
それは良かった	98, 119

【た】

体育館	119, 161
体調	138
大変だ	139
対話	23, 31, 32, 35, 37, 38, 45, 145
対話文	37, 38, 145

ターゲットセンテンス …………… 30	テスト ………… 124, 129, 136, 144
たこをあげる ………………… 171	テストがある ………………… 124
たし算 …………………… 81, 82	テニス ………… 64, 66, 159, 163, 167
たずねる …… 9, 11, 12, 18, 20, 53, 56, 59, 62, 64, 65, 66, 67, 95, 99, 138	デパート ………………… 104, 105, 157
正しい ……………… 27, 42, 134	テレビを見る ………………… 173
食べ物 …………………… 168	天気 ………………… 11, 119, 126
食べる ……………… 68, 93, 173	転校生 ………………… 127
多目的ホール ………………… 161	伝言ゲーム ………………… 34
だれ ……… 10, 18, 46, 73, 120, 121, 139, 140, 142	天才 ………………… 101
単語 …… 22, 24, 31, 46, 50, 110, 111, 112, 113, 114, 145, 147	電子辞書 ………………… 164
誕生日 ………………… 106, 107	電子レンジ ………………… 165, 176
	天ぷら ………………… 71
	電話 …………… 99, 100, 107, 165, 166, 173

【ち】

ちかい ………………… 29	【と】
遅刻 ………………… 94	トイレ ………… 125, 140, 156, 176
地図 ………………… 96	どういたしまして ……… 72, 73, 74, 95, 96
チーズバーガー ………………… 168	どうしましたか ………………… 98, 138
父 …………… 104, 107, 115, 116, 173	どうする ………………… 48
中学生 ………………… 15, 104	動物 ……… 31, 64, 65, 75, 85, 86, 87, 149, 157
昼食 ………………… 160, 172	どこ …… 54, 63, 96, 99, 108, 118, 119, 139, 140
注目 ………………… 17	どこが痛い ………………… 99
朝食 …………… 91, 93, 172, 177	歳 ………………… 56, 115, 116
チョコレート ………………… 69, 169	ドーナツ ………………… 168
ちょっと待って ……… 72, 100, 135	となり ………………… 105, 142, 172
	どのように ………………… 125, 126

【つ】

月の名前 ………………… 107	トランプ ………………… 171
机 ………… 46, 130, 142, 156, 164	鳥 ………………… 87, 150, 168
積み木 ………………… 171	鶏肉 ………………… 168
冷たい ………………… 98, 120	努力 ………………… 129

【て】

提出 ………………… 144, 145	【な】
ディズニーランド ………………… 119	なぜ ………………… 124, 125, 128
手紙 ………………… 144	夏休み ………………… 79, 161, 174
	なに ………………… 120, 134
	何か冷たいもの ………………… 98

索　引

名前	10, 53, 57, 87, 88, 107, 109
なるほど	103
なわとび	171
何時	91, 92

【に】
虹	61
日記	173
日用品	165
日直	142
日本語	19, 25, 26, 52, 76, 79, 86, 123, 160
入学試験	129

【ね】
ねこ，ネコ，猫	64, 85, 111, 116, 149
ねむい	94
寝る	92, 173
年齢	56

【の】
農夫	103, 115
ノート	117, 119, 131, 134, 164, 176
飲み物	169
乗り物	152

【は】
はい	10, 11, 12, 13, 14, 15, 16, 17, 18, 19, 20, 22, 23, 24, 25, 26, 27, 29, 30, 31, 32, 33, 34, 35, 36, 39, 40, 41, 42, 43, 44, 46, 47, 48, 50, 54, 60, 61, 62, 63, 64, 65, 68, 70, 71, 72, 73, 75, 78, 80, 83, 86, 88, 89, 94, 97, 98, 109, 116, 120, 121, 128, 131, 132, 133, 135, 139, 140, 141, 142, 143, 144, 145, 146
ばかばかしい	130

箱	122
はさみ	164, 165
始まる	92
はじめまして	55
バス（楽器）	153
バス（乗物）	95, 116, 152, 162, 172
発音	31, 137
パーティ	100, 117
パート	17, 22
パートタイム	105
花	106, 151, 160, 162
話す	172, 173
母	67, 68, 77, 94, 104, 115, 116, 173
晴れ	11, 126
歯をみがく	172
番	61, 83, 95, 99, 109, 115, 122, 124, 137, 138
パンケーキ	168
ハンドアウト	143
ハンバーグ	168

【ひ】
ピアノ	66, 104, 113, 153
ひき算	81, 82
ピザ	168
ビデオ	14, 43, 44, 45, 160, 163, 165
ビニール袋	165, 177
日の言い方	108
評価する	27
表現	9, 14, 16, 19, 22, 29, 31, 32, 36, 52, 66, 67, 74, 91, 117, 127, 132, 147
ビンゴゲーム	47, 126
ヒント	122

【ふ】
部活動	49, 167
服	165, 170, 172

復習	13, 17, 18, 21, 22, 24, 49, 50
ブタ	86, 149
筆箱	164
冬休み	79, 161
プラグ	40, 45
ブラブラブラ	101
ブランコ	171
プリン	169
プリント	143
ブロック	95, 96, 177
文	15, 16, 18, 20, 21, 25, 30, 32, 34, 36, 37, 38, 39, 40, 42, 45, 46, 50, 119, 123, 128, 131, 145
文化祭	117, 161
分数	166

【へ】

ペア	23, 35, 36
ページ	17, 124, 131, 135, 145, 173
ペットボトル	165, 177
ヘルメット	165, 177
ペン	72, 73, 75, 139, 164, 175, 177, 178
勉強	12, 13, 14, 19, 21, 22, 24, 30, 31, 37, 38, 124, 125, 126, 128, 129, 145, 172
弁当箱	165

【ほ】

放課後	12, 65, 66, 67, 172
ほうき	165
帽子	170
ボールペン	164, 177
ほかの答え	29
ポケット	146
保健室	98, 99, 139, 140, 161
保健室の先生	139
ほめる	26, 27, 28, 136

ボリューム	41, 42
本	143
本棚	156
本当	27, 71, 100, 102, 107, 130
本文	15, 46

【ま】

まいった	102
前に	142
まちがい	27, 82
待つ	172
まっすぐに	142
まで（に）	24, 42, 51, 80, 96, 131, 135, 144, 145
窓	121, 141, 156
ままごと	79, 171
満腹	91, 97

【み】

短い文	16, 45
水	71, 120, 169
みそ汁	71
道をたずねる	95
みなさん	9, 25, 31, 50, 90, 121, 122, 123, 124, 125, 139, 143, 144, 146
見る	14, 173

【む】

虫	150
むつかしい	101, 103

【め】

目覚まし時計	165
目玉焼き	168

【も】

もう一度	21, 22, 27, 40, 42, 43, 53, 57, 58, 74, 121

索　引

もう一度考えて …………………………… 58
もうちょっと ……………………………… 28
目標文 ……………………………………… 21
もしもし …………………………………… 100
問題 ………………………… 20, 82, 83, 137

【や】

野球 ……………… 63, 66, 127, 159, 176, 177
野球帽 ……………………………………… 170
野菜 ………………………………………… 148
休み時間 …………………………………… 172
やってみたい人 …………………………… 173
やめなさい ………………………… 132, 135
やる ………………………………………… 47

【ゆ】

夕方の行動 ………………………………… 173
夕食 …………………………… 67, 92, 93, 173
夕食を食べる …………………………… 93, 173
郵便局 ……………………………………… 105
雪 …………………………………………… 120
ゆっくり …………………………………… 26

【よ】

曜日 …………………………………… 11, 76, 77
ヨーグルト …………………………… 68, 169
よくやった ………………………………… 136
読む …………………………………… 15, 118
喜んで ……………………………………… 100
よろしい …………………………………… 124

【ら】

ライオン …………………… 64, 65, 87, 112, 149
来月 ………………………………………… 117
来週 …………………………………… 51, 124
ラーメン …………………………………… 71

【り】

リピート …………………………………… 134
料理 …………………………………… 71, 72
料理人 ………………………………… 106, 162

【れ】

冷蔵庫 ……………………………………… 165
レギュラー ………………………………… 63
レストラン …………………………… 104, 105
レッスン ……………… 13, 17, 21, 30, 49, 50
練習問題 …………………………………… 145

【ろ】

朗読 ………………………………………… 136
ロールプレイ ……………………………… 23

【わ】

わかる ……………………………………… 20
ワークシート ……………………………… 143
和製英語 ア〜オ ………………………… 174
和製英語 カ〜コ ………………………… 175
和製英語 サ〜ソ ………………………… 175
和製英語 タ〜ト ………………………… 176
和製英語 ナ〜ノ ………………………… 176
和製英語 ハ〜ホ ………………………… 177
和製英語 マ〜モ ………………………… 178
和製英語 ラ〜ロ ………………………… 178
和製英語 ワ〜ン ………………………… 178

索　引　2：言語活動など

【あ】
あいさつ ……………… 9, 50, 51, 52, 53, 55
アクティビティの指示 ………………… 45

【い】
Yes/No疑問文の練習 ………………… 37
インタビューの相手探しを促す ………… 36

【う】
歌の指示 ……………………………… 47

【か】
会話練習を促す ………… 32, 36, 38, 39, 45
数と計算 ……………………………… 80
数を聞く ………………………… 75, 76
学校の授業や行事 …………………… 78
体の部分の名前 ……………………… 87
体を動かす …………………………… 88

【き】
機器の操作 ……………………… 40, 41
疑問文を使って ………………… 37, 38

【く】
繰り返して練習する ………………… 32
グループでの言語活動 ……………… 23
グループ内で，学習した文で
「質問と応答」を促す ……………… 36
グループ編成を促す ………………… 35

【け】
ゲームの指示 …………………… 46, 59
ゲームをする …… 33, 46, 66, 118, 172, 175
言語活動の指示 ……………………… 45

言語活動を促す ……………………… 33

【こ】
口頭練習を促す …………………… 32, 33

【さ】
再考を促す …………………………… 27

【し】
CDを聞く ……………………… 14, 33, 39
指示によって体を動かす …………… 88
質問と応答の練習を促す …………… 32
終了のあいさつ …………………… 50, 51
授業の終了 …………………………… 50
出身地を聞く ………………………… 54
出席をとる …………………………… 10
賞賛あるいは再考の指示 …………… 26
新教材の導入 ………………………… 30

【す】
スキット作成を促す ………………… 34
スクリーンの確認 …………………… 44
スポーツについてたずねる …………… 62

【せ】
世界の国々 …………………………… 54
前時の復習をする …………………… 17

【た】
対話練習を促す ………… 31, 32, 35, 45
Wh疑問文の練習 …………………… 38

【つ】
次の活動に進む ……………………… 13

索引

【て】
電話の番号をたずねる ……………… 99

【と】
動物についてたずねる ……………… 64
動物の鳴き声 ……………… 31, 85, 86, 87

【な】
名前をたずねる ……………… 53

【は】
発音練習をする ……………… 31
ハプニングに対応する ……………… 138

【ひ】
ビデオプレーヤーの準備 ……………… 45
日の言い方 ……………… 108

【ふ】
復習の終了 ……………… 24
復習のための言語活動 ……………… 22
復習をする ……………… 13, 17

【へ】
ペアで学習した内容について
会話することを促す ……………… 36
ペアでの言語活動 ……………… 23
ペアやグループの編成 ……………… 35

【ほ】
放課後の活動についてたずねる
……………… 12, 65, 66, 67
他の答えを引き出す ……………… 29
ほめて，さらに良い答えを引き出す
……………… 29
本日のまとめ ……………… 49
本文をCDで聞くことを促す ……………… 46

【み】
道をたずねる ……………… 95

【り】
料理の動作 ……………… 72

【ろ】
ロールプレイでの言語活動 ……………… 23

索引 3：英語の単語・句・文

[A]

after school ……… 12, 65, 66, 67, 146, 172
alarm clock ……………………………… 165
All right. …… 15, 16, 23, 24, 25, 27, 30, 32, 33,
34, 35, 36, 40, 41, 43, 44, 45, 46,
49, 61, 80, 88, 89, 94, 122, 124,
130, 131, 132, 135, 138, 141,
142, 143, 145
animal ………………………… 31, 86, 149
anime …………………………………… 48
another answer ………………………… 29
ant ……………………………… 65, 110, 149
Anything else? …………………… 70, 84
Are you ready? …… 13, 14, 15, 38, 39, 43, 83, 109
Are you sure? ………………………… 102
Australia ……………… 54, 109, 110, 144

[B]

ballpoint pen …………………………… 164
baseball ……………… 63, 66, 127, 159, 162
basic sentences ………………………… 21
basketball …………………………… 159, 167
bathroom …………………………… 156, 176
bed ………………………… 92, 93, 156, 173
beef …………………………………… 168
bingo ……………………… 47, 82, 83, 126
bird …………………………………… 150
black ………………… 58, 59, 66, 73, 75, 169
blackboard ……………… 17, 122, 131, 142, 173
body …………………………………… 154

[C]

cake ………………………… 105, 169, 176
candy ………………………………… 69, 169

Can I help you? ………………………… 70
Can you hear the CD well? …………… 41
cap …………………………………… 170
cat ……………………… 64, 85, 111, 116, 149, 171
cell phone …………………………… 99, 165
chair ……………… 133, 142, 156, 164, 172
chicken ……………………………… 150, 168
chocolate ……………………………… 69, 169
choral competition …………………… 161
classroom ……………………… 141, 160, 172
close ………………………………… 28, 29, 89
clothes ………………………………… 170
coffee ………………………………… 169
coke …………………………………… 70
cold ……………………… 11, 91, 98, 120, 141
collect ……………………………… 143, 144
computer …… 66, 160, 161, 162, 165, 167, 177
cream puff …………………………… 169, 175
cup …………………………………… 165
cup noodles ………………………… 97, 168
curtain ……………………… 44, 141, 156

[D]

desk ……………………… 46, 130, 142, 156, 164
dog …… 64, 75, 87, 111, 115, 130, 149, 168, 173
doughnut ……………………………… 168, 169
Do you like ～? ………………………… 37

[E]

ear ……………………………………… 88, 154
egg ……………………………… 72, 111, 168
eraser ………………………………… 74, 164
everyone …… 9, 34, 50, 121, 124, 132, 135, 143
everyone will play ～ ………………… 34
excellent ……………………………… 136

190

索　引

Excuse me. 95, 96
eye 88, 89, 154

[F]

face 87, 93, 142, 154, 172
field day 161
finish 24, 50, 128, 131, 136, 175
fish 151, 168
flower 151, 160, 167
flower arrangement 160, 167
foot 87, 154
fried chicken 168
fried egg 168
friend 23, 61 93, 135, 144, 172
fruit 69, 112
furniture 156

[G]

give them back 143
go 13, 14, 17, 23, 30, 31, 33, 37, 38, 39, 45, 47, 57, 62, 67, 70, 74, 89, 92, 93, 95, 96, 98, 102, 117, 119, 121, 124, 125, 129, 136, 139, 140, 146, 166, 167, 172, 173
Go back to your seat. 89
go player 162
Good afternoon. 53
Good job. 81, 88
Good morning. 53
Go to your seat. 94
gym 119, 161

[H]

hamburger 69, 70, 168
ham sandwich 69
hand 19, 20, 87, 89, 120, 143, 145, 146, 154, 173
Hand in your homework by Tuesday. 144

handouts 143
hat 165, 170, 177
head 87, 88, 89, 154
headache 121
hear 41, 47, 98, 127, 137
Hello. 75, 100
Here you are. 68, 70, 72, 73, 75
homework 66, 77, 93, 144, 146, 173
hot 68, 91, 141
hot spring 157
house 67, 79, 100, 156, 171
How about you? 64, 69, 78, 107
How do you play? 48
How old are you? 56

[I]

I do my homework for an hour. 93
I go to bed at nine or nine-thirty p.m. 93
I'm happy. 91
I'm weak in math. 78
insect 150
instrument 153
It's Sunday. 76
I wake up at seven o'clock. 93

[J]

job 24, 28, 81, 88, 89, 136, 137, 162, 174
jogging 160
juice 68, 169

[K]

kitchen 156

[L]

lesson 13, 17, 19, 21, 30, 49, 50, 117, 118, 124, 125, 145, 173
Let me see. 29, 61, 96

Let's play charades. ········· 90, 173
Listen to me. ················· 173

[M]

make ········ 34, 37, 71, 72, 85, 86, 123, 125, 142, 178
May I help you? ················· 75
memorize ························· 145
microwave oven ··················· 176
monkey ···················· 65, 112, 149
mountain ················· 62, 158, 160
move ························ 127, 142
music ········· 76, 79, 117, 160, 161, 167, 173
musician ···················· 106, 163

[N]

nature ······························ 158
neighbor ······················ 142, 172
neighborhood ······················ 127
new words ········· 13, 22, 31, 50, 145
newspsper ·············· 118, 125, 167
Nice to meet you. ················· 55
noisy ······························ 141
No problem. ······················· 74
nose ························ 88, 89, 154

[O]

occupation ························ 162
okay ································ 9, 52
omelet ······························ 168
one piece of paper ··············· 144

[P]

pants ···························· 170, 176
paper ···························· 144, 171
Pardon? ····························· 53
park ···························· 119, 157
pen ·········· 72, 73, 75, 139, 164, 175, 177, 178

pencil ························ 119, 164, 175
piano ···················· 66, 104, 113, 153
pizza ································ 168
plastic bag ······················ 165, 177
play ··· 12, 16, 23, 33, 34, 38, 40, 41, 43, 46, 47, 48, 62, 63, 64, 65, 66, 76, 79, 90, 93, 118, 126, 127, 129, 171, 172, 173, 175
play baseball ·············· 63, 66, 127
playground ······················ 161
pocket ······························ 146
practice judo ······················ 66
printed sheet ······················ 143
Put your hand up if you know the answer. ································ 20

[R]

Read along with me. ············· 15
review today's lesson ············· 49
river ································ 158

[S]

school ·········· 12, 15, 56, 57, 65, 66, 67, 79, 92, 93, 104, 129, 139, 140, 146, 157, 160, 161, 164, 172
school assembly ·············· 79, 160
school building ··················· 161
school events ······················ 161
school nurse's office ········ 140, 161
screen ······························ 44
sea ···························· 151, 158
see ······ 29, 44, 55, 57, 61, 83, 95, 96, 103, 122, 123, 139, 146
sheet ···························· 143, 175
show ···························· 48, 109, 126
sing ···························· 47, 48, 173
sit down ···························· 125
skiing ···················· 107, 159, 167
skirt ································ 170

索引

soft drink ·· 169
sport ············ 62, 64, 66, 79, 122, 159, 161, 167
stand up ·· 36, 90
stop ·· 50, 51, 132
subject ··· 160
Sure. ············ 16, 23, 24, 30, 31, 36, 40, 45, 50,
83, 142, 144

[T]
Take your time. ······································· 26
talk ············· 49, 100, 133, 134, 138, 172, 173
tennis ································ 64, 66, 159, 163, 167
That's close. ·· 28
That's right. ···································· 74, 105
the nurse's office ······························ 98, 99
touch ··· 88
transportation ······································ 152
tree ································· 79, 122, 155, 171
Turn in your papers. ···························· 144
Turn left at the second traffic light.
··· 95

[U]
underwear ·· 170
uniform ·· 170

[V]
vegetable ·· 148
Very good. ·· 81, 90
volume ·· 41, 42
volunteers ·· 173

[W]
want ············ 16, 30, 31, 32, 34, 43, 45, 46, 47,
49, 50, 60, 63, 68, 69, 70, 75, 84,
95, 97, 98, 102, 105, 107, 121,
125, 129, 138, 139, 140, 173
watch ····················· 14, 43, 67, 93, 164, 165, 173
water ·· 71, 120, 169
We have finished today's lesson. ············ 50
Well done. ······································ 24, 50
What club are you in? ···························· 67
What color jacket do you want? ············ 60
What's the matter with you? ·············· 126
What's this in English? ························ 74
What's your first class today? ·············· 78
What's your name? ······························· 53
What time is it? ···································· 91
when ··· 10
where ·· 127, 177
Where am I on this map? ····················· 96
Where are you from? ···························· 54
Where are you going? ··························· 96
whose ··· 61
window ··································· 121, 141, 156
worksheet ·· 143
write ············· 16, 37, 38, 45, 119, 131, 134,
143, 144, 173

[Y]
You are right. ································ 82, 126
You can do it. ······································· 144
You look pale. ·· 98
You're welcome. ···················· 72, 73, 95, 96

［編著者紹介］

小野 昭一 （おの しょういち）＊編集担当

新潟県生まれ。新潟大学教育学部卒業。ミシガン大学英語研究所終了。ハワイ大学大学院修士課程修了（MA）。新潟大学医療技術短期大学部教授を経て，現在，上越教育大学名誉教授。著書に，*Let's Learn American English by Ear*（コカ・コーラ），『英単語のルーツとロマンス』（中村書店），『英語音声学概論』（リーベル出版），『VOA「アメリカこぼれ話」』正・続（松柏社）等がある。

中村 博生 （なかむら ひろき）＊Classroom English 1, 2, 3 担当

新潟県生まれ。新潟大学教育学部卒業。上越教育大学大学院学校教育研究科修士課程修了。新潟県内公立中学校6校の教諭。新潟県立看護大学准教授を経て，現在，高崎健康福祉大学人間発達学部長，教授。著書に，『遅れがちな子を伸ばす習熟度別指導』（共著・ぎょうせい），『看護英会話』（考古堂），『中学生のための動詞173』（考古堂），*Paragraph Writing for Nursing Students Aiming at Academic Writing –From Controlling Idea to Paragraph Writing*（考古堂）等がある。

廣瀬 浩二 （ひろせ こうじ）＊Classroom English 4, 5, 索引担当

新潟県生まれ。日本大学文理学部卒業。上越教育大学大学院学校教育研究科修士課程修了。バーミンガム大学大学院修士課程修了（MA）。レスター大学大学院博士課程修了（EdD）。新潟県内公立中学校5校の教諭。明倫短期大学准教授を経て，現在，東京農業大学外国語研究室教授。著書に，『歯科英語』（共著・医歯薬出版）がある。

Stacy Clause （ステイシー クローズ）＊英文校閲

アメリカ合衆国オハイオ州生まれ。ミシガン州立大学にて教育学修士取得（MA）。日本に来て20年。群馬県内のALTや群馬大学非常勤講師を経て，現在，高崎健康福祉大学人間発達学部子ども教育学科講師。子どものための教育方法に焦点を当てて研究活動を行っている。

新学習指導要領に対応
児童・生徒・教師のためのクラスルーム・イングリッシュ

2019年7月14日発行	
編　者	小野昭一
著　者	中村博生　廣瀬浩二
英文校閲	ステイシー・クローズ
発 行 所	株式会社考古堂書店 〒951-8063　新潟市中央区古町通4番町563 TEL　025-229-4058　FAX　025-224-8654
印 刷 所	株式会社ウィザップ

ISBN978-4-87499-870-0 C0087